눈물만큼 작은 하늘

눈물 만큼 작은 하늘

시.와.달.빛.문.학 제3호

도서출판 천우

발·간·사

『눈물만큼 작은 하늘』을 펴내면서

시(詩)를 쓴다는 것은 마음 위에 높이 치솟은 산(山)을 오르는 것과 같다. 늘 오르면 작아지는, 늘 우리를 품어주는 그런 고요 속에 깊어가는 것은 산(山)이다. 가끔 메아리처럼 울려오는 희망과 절망의 변곡점 같은 등가선을 시인은 매일 오르는 것이다. 산[詩山]에 오를 때는 내려갈 것을 생각하지 않는다. 오직 정상만을 생각하고 사유의 누더기를 겹겹이 걸치고 오르다가 그 무게를 감내하지 못할 때 하나씩 벗어 던진다.

그런데 시(詩)가 설 땅이 반드시 정상만은 아니다. 누구나 다다를 수 있는 곳인 동시에 줄기차게 몸에 닿는 것들은 꺾어져 나간 잔가지 같은 것이다. 이처럼 우리가 살아온 길은 수없이 관조한 사유의 잔가지가 수북이 쌓인 오르막이고, 관념의 밀림으로 내려가는 내리막일지도 모른다. 어쩌면 생의 밑바닥에서 드높은 곳을 상상하고 '심상의 지느러미(동인지 제1집 표제)'로 하늘을 헤엄치려는 몸부림일 것이다. 그리고는 내면을 채우는 신선한 감각과 통찰력의 미감을 맛보기 위해서 가슴의 밑바닥까지 시혼(詩魂)의 뿌리가 드러나도록 내려가야 한다. 그래야만 다시 날개를 달고 오를 수 있기 때문이다.

아무튼 시가 설득할 수 있는 공감적 요소는 그리 흔치 않다. 그러나 시와달빛문학 제3호『눈물만큼 작은 하늘』을 세상에 내놓으며 굳이 힘이 부족하여 산을 다 오르지 못한다 하더라도, 비록 정서적 바람이 되어 세상의 풀잎 하나 흔들지 못할지라도 우리 스스로는 역사 속에 흔들림이 되고자 한다.

작금의 사회 현실은 경제적 어려움으로 인해 삶은 더욱 피폐해지고 정신문화는 갈수록 쇠퇴해져 비상할 날개는 무겁게도 젖어 있다. 그뿐인가, 하늘마저 미세먼지로 뿌연 슬픔을 머금고 있어 우리의 시적 명제는 인간을 향한 예술로서의 기능이 더 절실해지고 있는 현실이다. 이러한 시대적 현실 앞에 『눈물만큼 작은 하늘』을 펴내어 미미하게나마 반짝이는 정서적 희망의 반딧불이 되고자 한다. 동인 회원 17인의 신작시 169편과 유수봉 시인의 신인상 3편 등 172편을 상재하였다. 한 권의 동인시집 『눈물만큼 작은 하늘』이 벽 없는 창공으로 불쑥 솟아오르길 기대한다.

2019년 7월 20일

시와달빛문학작가협회 회장 이 광 희 삼가

김정희

김태숙

박 재 원

손 장 순

손 진 숙

오 광 진

유 수 봉

이 광 희

이 재 호

이 진 옥

이 청 수

이 희 목

장 영 남

정 용 훈

최 점 덕

시와달빛신인문학상 | 유수봉

소운 강시연

『한맥문학』 시 부문 등단(2016년). 시와달빛문학작가협회 정회원. 시와달빛동인회 정회원. 민주문학회 회원. 황금찬 문학광장 회원. 미소문학작가회 회원. 시와 글벗 동인. 공저 『푸르름 한 올 그리다』『눈물만큼 작은 하늘』『서향과 동행』『하늘섬 바람나무』『그대 올 때면』『고요한 숲의 초대』 외 다수. kangsiyeon2@gmail.com

옷을 짓다

박음질을 하려면
윗실과 밑실이 만나
마음의 선을 이어야만
옷이 만들어진다

이렇게
시작하는 선과 만나는 선이
서로 눈을 맞춰 껴안아야만
예쁜 박음질이 된다

첫선과 끝선이
만나지 못하고 어긋나
평행선이 되면 불량처리 되듯
우리의 사랑도
시작에서 돌아와 만나는 정점에
온전히 받아주는 사랑이어야겠다

옷을 짓는 마음으로
사랑도 지으면
처음 이상의 사랑으로
옷 하나를 입을 수 있을까

그 옷 속에
당신과 내가 들어가
마구 뛰어놀고 울고 웃고 싶다

자목련

겨우내
눈비 맞으며 기다리던

붓 속에
꽃잎 감추고 기다린 산이화

하늘 여백에
시린 그리움 하나 그려 놓았다

따스한 봄볕에
꽃봉오리 열리고

자줏빛 비단 날개 활짝 펴
하늘로 향한다

이내
화려한 춤사위는 끝나고

꽃잎은 흙색으로 사위어 간다
속절없이

물의 등뼈

거대한 호수에 엎드린 부표
흰 등허리가 보인다
누군가를 감싸 안은 곡선의 선형

저 커다란 타원의 부표 아래
바람에 굽은 나무의 등뼈와
삶의 무게에 침몰한 폐선
버려져 떠밀린 일상의 잔해
물 깊은 곳에 가라앉은
어떤 것들도 다 품어 안고 있다

꿈틀거릴 듯
묵묵히 물질하는 짙푸른 호수
저녁 햇살을 받은
물비늘이 반짝인다

밥을 안치다

밥 짓는 일은
성스러운 일

소중한 사람에게
밥 한술 먹이고 싶어
혼탁함을 씻어내고
밥을 안친다

잠시 후면
고슬고슬한 밥이 되리라
생의 밥 한술 지어
누렇게 떨어지는 이팝꽃
그의 일생을 영상으로 되감듯이
다시 하얗게 부풀어 피어나는
윤기 오른 밥알

속 아픈 이의 눌어붙은 검은 이끼
하얀 밥으로 소멸하길 기도하며

오늘도
말갛게 씻어 쌀을 안친다
그렇게 하루는 익어간다

목어(木魚)

청아한 소리로
푸른 바다를 유영하였지

이미 아득한 일이었지
깨우침이 울림 하는 바다

이젠
세상 풍경에 말라버린 비늘
굳어버린 지느러미

눈 감지 못한
침묵의 잠 속에 꿈꾸었지

다시 돌아가고픈
저 푸른 기다림의 바다
수평선 너머 그 어디쯤

염(殮)

잠자리 날개 속곳에
모시 적삼 걸쳐 입으시고
검은 머리 정갈하게 빗질한
파리한 얼굴
연지곤지 화장까지 하시고
모시용 비늘 고치 안으로
들어가신다

사각 나무집 흙벽 쌓으려고
한줄기 눈물 버무려 가신다
다시는 못 올 찰나적 만남
생살 찢어내는 아픔과
비통한 비 울음 뒤로한 채

차갑게 가신다
아, 마지막 가시는 그 길
임에게 기도 한 소절 올립니다
지평에 깔린 아픔 잊으시고
짊어진 짐 다 벗어버리시고
은빛 고운 날개 활짝 펴
날아오르소서, 훨훨

단풍 2

혈관을 타고
가느다란 실핏줄 끝에서
톡톡 터진 꽃자리

송이송이 잎새 꽃
눈물 흘려 떨어지면
이토록
산하는 붉은 강 되어 흐른다

퇴적암

저마다
살아낸 사연을 적은 나뭇잎이
낙엽비 되어 내리면

물 따라 바람 따라
세상 어디쯤 쌓이고 쌓일까

그것이 기름진 토양이 되고
천년을 잠재운 책장 같은
퇴적암이 되려면

또 얼마나 많은
시간이 흘러야 할까

내 생의 첫걸음을
이제야 걷기 시작하는데

그토록 깊고 깊은 시를
내 생전에 쓸 수 있으려나

벌레 입가의 나뭇잎

매끈하지 않고
흠집이 있다는 건
나의 한 부분을 떼어주는 일

잇자국을 드러내 흔드는
저 구멍 난 나뭇잎은
어느 벌레의 젖줄이 되었겠다

가장 낮은 곳을 향해
뿌릴 내리고 돌아가기 전에
누군가의 밥이 된다는 건

살아 있는 동안
내가 할 수 있는 일 중에
가장 거룩한 일이다

봉제선

그대 등
뜯어진 절개선 사이로
보이는 생의 고단함

햇살, 한 올 바늘에 꿰어
뭉친 설움 풀어내고

명지바람 한 줌 채워
봉제선 메꾸면

수선된 봄이
환하게 꽃 피어날 거예요

서지 김승여

강원도 출생. 계간 『문학애』 등단. 시와달빛문학작가협회 정회원. 시와달빛동인회 정회원. 울산의 시인들 회원. 문학애작가협회 자문위원. 공저 『푸르름 한 올 그리다』『눈물만큼 작은 하늘』『詩, 오솔길 문학愛』

bachjun3388@naver.com

저 강은 알고 있다

초원에서 눈 비비고 선잠 깬 몸
초록 세상으로 여행 와
먹이 찾으며 둥지를 틀었지

꿈과 사랑을 키우며 새끼도 품었지
촌스럽지만 순박한 그 시절
망각의 터널을 훌쩍 지나 열어본 내 인생
자식들의 곱디고운 미소와
얼룩진 가슴으로 마주한 30년

은하수 뜰에서 별이 떨어지던 날
푸른빛 한풀 꺾인 채
해독하기 힘든 몸으로
눈물 강 둔치에서 바라본 허공
사별이란 무거운 짐이 내려졌었지

건너갈 강 다리 난간
가물가물 초점은 흔들리고
뒤뚱뒤뚱 걸음마 새끼 새 천둥소리에
날개 부러진 어미 새

인생이라는 강을 건너오면서
세월이 날 버릴 때도 있었고
내가 세월을 버릴 때도 있었지

엄마이기 전에 여자이고 싶을 땐
헝클어진 인생 매만지면서
묵직한 겨울밤 하얗게 부서진
아픔마저도 때론 힘이 되었지

거친 물결 건너온 강 나루터엔
황혼의 바람이 일고
어느새 바람 갈피에 건너갈
노을 강이 기다리고 있었지

굽은 등 뒤에 비바람을
견딘 흔적이 일렁거릴 때
기다림 한 잎 그리움 한 잎
낙엽이란 친구들로
빈 둥지를 가득 채웠지

찔레꽃

아픔으로 키워낸 자식들은
화려하고 향기로운 장미가 되어
유월을 수놓고 있을 때

장미의 모체로 붙여진
어머니꽃
산모퉁이 뒷전에서
꽃을 피우고

가끔 햇살에 비친
이슬을 지우러
시린 하늘을 바라도 보았지

달이 뜨면 달님에게
소식 전하고
별이 뜨면 별님에게
안부 물으며

따가운 칠월의 뙤약볕 아래서
장미꽃 피는 마을 굽어보는
어머니꽃

서럽고 힘든 삶의 고통을
진한 향기로 풀어내는
한 서린 꽃

계절 이른 혹독한 바람에
고운 명주 옷자락
한 잎 두 잎 조각나 떨어질 때

아물어 가는 상처와
새로 생긴 생채기 보듬으며
칠월의 땡볕도 끌어안고
긴 여름을 보낸다

가끔은 별에도 기대어
흔들리고 싶었고
휘영청 달빛 아래 묻혀서
흐드러지게 피고 싶었던
찔레꽃

자목련 순정

숱한 만남과 이별에
마음만 주고
눈물은 주지 않으려고
비바람 삭인 걸음으로
보내는 사월

숨결마저 곱던
수줍은 여인의 등 뒤에
비명 삼킨 자목련 통곡
그 계절의 첫마디

세월의 새끼줄에 묶여
먼 산 그리움 보듯
바라보다
한세월 삼켜버린 붉은 청춘
뒤돌아보는 눈이 안개로
젖는 시간

지는 꽃잎 안타까워
칼날 세운 자존심
앞세워
그때의 사월을 지키고 있다

12월의 비애

겨울비 내린 성지곡수원지
떨어진 낙엽들 발길에 채고

벌거벗은 나무들
다시 올 봄을 기약하면서
입은 옷 훌훌 벗고
흙으로 떠난 자

미련 남은 아기단풍
그 짧은 생
아름답게 누리며
떠날 준비하는 자

푸른 청춘 끌어안고
12월에 꽃 피우는
동백처럼 살아남는 자

바람 따라 길 떠나는
빛바랜 낙엽 같은 여정
비 멈춘 성지곡수원지

겨울 산

산은 텅 비고
어둠이 깔리는 산자락에
싸늘한 별빛만
교교히 흐르는 밤

푸르런 달빛이
창틈 사이로 어슬렁거리고
솜털 같은 겨울꽃을 만들어
메아리친 가슴 노 저어 갈 적

세월에 묻혀
잊힌 그리움 하나
실종되어버린
내 가슴에 휑하니
찬 바람만 일고

고요하다 못해
적막함만 휘감기는 밤
겨울 산바람이
여린 두 뺨을 할퀴고

떨어진 낙엽들의
몸부림에
바람도 시샘하였나

북풍이 불어오고
앙상한 나뭇가지들
휭휭
울음소리만 들려올 뿐

슬픔이 말라붙은 가슴에
짓눌린 세월이여

빈 가슴에 내리는
무서리만
약속하구나

장미의 일생

아름다운 이름 때문에
가시를 품어야 했고
벌 나비 찾아들까
향기마저 삼켜버렸다

유월의 태양 아래
붉은 눈물 뚝뚝 떨어지는
꽃잎 속에 유월은 가고

짧은 여름이 지나는 길목에
걸어두고 싶은 오월
못다 핀 장미

바람이 서럽게 흘리는
눈물길 사이로
한 잎 꽃잎 설움과
꽃잎 하나의 그리움

달 뜨고 별이 떨어지는 밤
꽃잎에 내린 이슬
가녀린 여인의 눈물이라
짓고 싶다

삭은 꽃잎에 장미의
일생이 가고 있음을
시린 달빛이 굽어보고

툭툭 떨어지는 붉은 꽃잎
밟고 지나가는 무심한
세월이 있었다

후회

녹음 짙은 유월
공허한 마음 바람 앞세워
찾아온 칠보산 휴양림
무언으로 반겨주는
허연 낮달에게 길을 물었다

땅거미 깔리고
솔잎 향기가 무아지경으로
채워주는 자연의 늪으로
초라한 영혼을 눕힐 적

고독은 창가에 서성이고
달빛은 가슴에 싸인
세월 메고 길게 누운
추억을 굽고 있을 때

쏟아지는 별을 줍고
실패한 사랑을 보듬은
가슴을 헹구어 금강솔
가지에 걸었지

사랑을 묶어놓을 인연 줄
하나도 용납하지 못한

이 모진 마음을 미련의
강폭이 넓혀진 후에야

애절함 깃든 사랑 한 번쯤
허락할 만도 하였건만
왜 그리 세상 밖으로만
내몰아쳤을까

이제는 내 인생 저편에
깊게 묻혀버린 기억
비켜간 세월만큼이나
많은 것들을 잃어버린 지금

홀로 핀
이름 없는 꽃으로
남은 사랑

그때 그 사랑 지금은
어느 들판에 서서
어떤 사랑으로 익어가고
있을까

가을이 오는 길

긴 여름내 끈적하던 바람은
꼬리를 감추고

간밤 창틈 사이에 머물고 간
서늘한 바람은 빈 가슴 흔들어놓고

새벽달 기우도록
설친 잠 못 이룬 공허한
가슴에

초가을 앞세우고
온 바람이 이리도 가슴을
헐게 할 줄 몰랐네

휴식

녹음이 우거진
숲은 하늘을 덮고

바위 타고
아래로 떨어지는
물소리에

천 근이나 되는
몸이 무색하듯이
가벼워지니

발 담근 물에
물고기 놀고

사람과 자연이 공존하는
청정한 신불산
계곡에 몸을 뉘니

6월의 산바람에
무겁던 영혼이
나래를 편다

새벽 산책길

밤새 내린 이슬 머금은 들꽃
소슬바람에 서로 부대끼며

상처 난 것은 상처 난 대로
모난 것은 모난 대로
어루만지니

짧은 여름조차 눈부시게
아름다운 것은
네가 품은 이슬 때문인가 하여라

徽月 김정희

계간 『한국문학작가회』 시 부문 등단(2016년). 한국문학작가회 정회원. 한국문인협회 경북지회 회원. 시와달빛문학작가협회 부회장. 시와달빛동인회 부회장. 한국문학작가회 대구 · 경북지회장. 공저 『심상의 지느러미』 『푸르름 한 올 그리다』 『눈물만큼 작은 하늘』 『꾼과 쟁이』 『창작과 의식』 『칠곡문학』 외 다수.

sseyk1015@naver.com

시(詩)의 외도

손에 닿지 않을 거리에서
잘나지도 않은 모양새를 하고
심상을 긁어대는 너는 지금
외도 중이다

근간을 초월하고
지독하게 개념을 망각하며
멋대로 감흥을 일삼는 너는 지금
외도 중이다

위험한 발상을 맘대로 내뱉고
문장부호 하나 제대로 소화 못 시키는
먹다 체한 시어(詩語)들을 토해내는
너는, 아니 나는 외도 중이다

밥상

아프다
촛농에 담긴 심지처럼
중력으로 움직이는 달도
얼마나 많은 바람의 저항을 받았을지
머리를 조아릴 일이다

낮과 밤 같은 오선지 위에
눈물로 얻어진 악보를 그려 넣은
음표의 신음을 들어 보았는가
출생의 비밀도 모른 채 사라질 음계
푸념처럼 씹다 버려질 리듬

냉혹한 입맛에 아프다
두 번 이상 밥상에 올리지 못할 언어
식상한 독자는 등 돌려 가고
구미에 당길 만한 시어로 밥을 지어
새로운 밥상을 차려야 한다

악몽

출구가 없는 암흑의 공간
탈출을 노리는 소리 없는 외침
정신은 혼미해져 오고

전생의 기억이 소나기 되어
몸을 부숴버릴 것처럼 쏟아져
차가운 수술대 위에 놓인 듯하다

먹잇감을 노리는 맹수의 이빨처럼
섬뜩한 영역에 이미 들어섰다
눈을 맞추는
서늘함을 느끼며

배 속의 태아처럼
무의 영역을 넘나들며
다시 또 흩어진 조각을 주워
딸각딸각 붙이고 있다

엄마 꿈을 꾸었어요

있잖아요,
"엄마" 하고 힘껏 부르다 깼어요

엄마가 계시는 곳은
동해가 앞에 내려다보이고
참꽃이 곱게 피는 오솔길 따라 걷다 보면
큰 소나무 밑에
울 엄마가 혼자 계시지요

가끔은 바쁘다며 그 앞을 쌩쌩 지나칠 때도 있는데
눈물 훔치며 무척 서운해하실 거예요
내려다보시며 한마디 하시겠죠
"저어기 우리 막내딸 그냥 지나가네" 하며

그래도 미소 짓고 계실 거예요 제가 울 엄마를 잘 알아요

난,
참 나쁜 막둥이에요
가끔 꿈속에서 엄마를 만나는데
늘 웃으면서 아무 말도 하지 않고 아버지랑 같이
다정히 손잡고 붉은 노을 지는 서쪽으로 가시데요
"엄마"라고 불러도 뒤도 안 돌아보시고 말이에요
가끔 꿈속에서 달라진 엄마 모습이 어색해서
꿈인가 의심하기도 해요

있잖아요,
오늘은 엄마가 보고 싶어 펑펑
울었어요

관계

관계를 두려워 사실을 감추었는가
난 그런 속내가 죽기보다 싫다
우정이란 신뢰가 있어야 해
이기적인 태도는
파탄의 지름길이란 걸 너도 알 거라 믿어

결코,
예민한 게 아니야
너에게 별것도 아닌 것이
나에겐 엄청난 일일 수도 있다는 거
너도 알아줘야 해

사람은 말이야
상대의 입장을 이해하고
잘못도 보듬어줄 줄 알아야 하는 거야
작은 실수에도 버럭하는 거
그거 좀 고쳐주라

내키지 않는 관계는
지속하면 할수록 더 괴로운 거야
친구야
신뢰를 무너뜨리는 그런 행동과 마음 이젠 버려
한 번이다
한 번 더 기회 준다

고란초

동정을 허락하다
추락하였던가
잡은 손을 놓았다

하늘 동공을 찌를 듯한
그 솟대 위에서 펄럭였던
푸르름이 그립다

무서운 몸짓으로 분신하다
어느 소녀에게 들켜
또 다른 삶을 살게 되었지

빛없어 더 빛나는 까랑이*처럼
촉촉한 그 절벽으로 나
다시 돌아가리라

* 까랑이 : '반딧불이'를 일컫는 경상도, 전라도의 사투리.

가을 편지

가을엔
그리움 하나 곱게 접어
울 엄마한테 보냈으면
좋겠네

하얀 뭉게구름 한 타래
가슴에 담아
잘 지낸다는 내 안부 얹어 보냈으면
좋겠네

하얀 박꽃,
눈부시게 피는 밤에
달빛에 고운 안부 얹어 울 엄마한테 보냈으면
참 좋겠네

늦은 밤,
내가 쓴 한 줄의 시(詩)를 전화기로 들려주고
깊은 폐부 속 안부까지 들려줬으면
정말 좋겠네

이 가을,
눈물로 가득 쓴 이 편지를
420원짜리 예쁜 우표 붙여
울 엄마에게 보낼 수 있었으면
진짜 좋겠네

두물머리

강나루 건너 어귀를 돌아가면
널 만날 수 있지
내 거친 숨결에 네 모습 변할까 봐
가쁜 숨 손바닥으로 쓸어내렸어

수몰된 네 영혼을 가슴으로 불러
이루지 못한 아픈 한을
내 입설*에 한기로 일거든
고운 시어(詩語)로 모두 옮겨 적으리

연잎에 앉은 영롱한 숨결
그대 실은 빈 배를 밀어
저 끝,
소원 들어주는 소나무 앞
그를 걱정하는 한 여인 두 손 곱게 모으지

* 입설 : '입술'의 일컫는 전라도 방언.

아버지

손톱 달이 먼동에 숨어버리면
당신은 이미 부둣가에 나와 서서
만선의 깃발 챙겨 세우고
새벽이슬 맞은 머리를 툭툭 털어내시며
기르륵 기르륵 어장 배의 시동을 거셨지

“애비야,
하루도 조심하거라” 하시며
피다 만 연초가 담긴 곰방대를
화로에 댕댕 치시던 할아버지의 염려를
뱃머리에 묶어두고
막둥이 운동화 사줄 기쁨으로
던져놓은 그물을 콧노래 부르시며
당겼을 게야

배부른 갈매기 소리 뒤에
알아듣지도 못할 말과 손짓으로
어판장은 늘 분주하지
내일이면 하얀 리본이 달린
새 운동화를 신고 학교 가는 십 리 길을

단숨에 달려갈 막둥이 생각에
아버지 입꼬리가 귀에 걸렸지

그날처럼 손톱 달은 여전한데
이승에서 그 웃음을 찾을 수 없는 아픔이
깊은 폐부를 후빈다
큰 눈 껌뻑이는 아파트 가로등 아래로
아버지 닮은 긴 그림자 하나가
훅훅 새벽을 털며 지나간다

도마뱀

어머니 젖줄 같은 샘이
옴팡지게도 퐁퐁 솟는
그 숲,
썩은 떡갈나무 잎 위로
겁먹었나 도마뱀
톡 하고 미련 없이 꼬리 잘랐지

달이 낮잠 자다 깨더니
낯선 풍경에 멈추어 서서
주름진 과거 자르는 꼴을
모두 보았다지

두꺼운 상념
공허한 바람만 미친 듯이
불어대고
애꿎은 할미꽃잎도 덩달아
톡 하고 떨어진다

김태숙

충북 괴산 출생. 월간『문학세계』시 부문 등단(2018년). 시와달빛문학작가협회 정회원. 시와달빛동인회 정회원. 문학세계문인회 정회원. 한국문인협회 계룡지부 정회원. 대전문인총연합회 정회원. 한국 문학시대 회원. 공저『푸르름 한 올 그리다』『눈물만큼 작은 하늘』

cindykim1229@naver.com

봄비 오는 길목

우울은 겨우내
여윈 은행나무 가지
표정에 걸린다

하늘빛은 구름에 숨고
어둑한 회색으로 흩어져
골목마다 깊은 사유 내려놓는다

뿌옇게 핀 안개 툭툭 털어
겨울 흔적 지워가는 바람
담 밑에 엎드린 텃밭엔
흐린 하늘이 그리움처럼 박혀 있다

부르튼 허공에 쉼 없이
날갯짓하는 바람
적막한 가슴에 매달려
내 눈물 훔치듯 후두두
유리창에서 리듬을 밟는다

겨울잠에 젖어 있는 들꽃
두들겨 헤집는 아우성에
꽃망울 불그스름하다

오월을 쓰다

초록은 오월의 배경

지금쯤 배경을 완성하기 위해
신작로 가로수 이팝 털어 쭈욱
푸른 줄기 밑줄을 긋는다

한나절 햇살 긴 더듬이로
새들의 언어를 간섭하니
문장은 쾌활해져
싱그럽게 리듬을 탈 것이다

나의 생각은
완벽하게 표현될 수 있을까
들어서는 순간 빠져나가는 사유
나무 위에 엎드린 어린잎들
초록 핏빛만 가두어놓는다
바람은 쓸데없이 재채기를 달고
원을 그리는 풀잎의 숨소리
장미는 비로소 입을 연다
사랑을 좇는 여인들 손에서

나른한 오후 풍경을 읽기
— Manila Bay Cafe

찻집은 바다의 풍경
유리창 사이에 두고
커피는 파도 소리로 끓고
바다는 커피 향을 음미한다

나는 야자수 길 따라 걸으면
바다는 나 따라 펼쳐지는 풍경
야자나무 숲 찻집
사람들 밀물 들듯 썰물 날고
파도 같아 수다로 일렁인다

바다는 파도의 언어
시어 하나 낚지 못한
텅 빈 민낯의 포구
갈매기 포롱포롱* 날갯짓
끼억, 끼억 잠시 설웁다

해풍에 이글거리는 태양
야자수 그늘에 숨어
지나가는 고된 발자국 유혹하네

한낮의 축제가 끝나가는 해름*
구름 익어 나풀거리면
별들도 바다로 가 누울 시간
찻집은 고요하여 어둠 덮어간다

* 포롱포롱 : 순수 우리말로서 작은 새가 가볍게 나는 소리나 모양.
* 해름 : 해가 서쪽으로 넘어가는 일 또는 그런 때(해거름).

그대

어떤 하루였는지
물으며 길을 갑니다

허공에 슬픈 자국 긋고
흩어진 바람 가슴에 젖으니
서녘 해도 붉어져
들판에 묻어갑니다

떠나야 할
그래서 잊어야 할 말들
가슴에 새긴 화석 하나
소주병에 별빛처럼 일렁이다
물 냄새로 눈에 싸여갑니다

사랑한다는 마음
망각의 세월 속으로
던져놓으렵니다
우리라고 묶을 수 없었던
아픔 쓰다듬었던 말

바람이 가져간 시간 깊숙이
그립다 접어놓고
조용히 눈을 감아봅니다
내 안에 꽃이었던 이름
눈을 감아야 볼 수 있는

거울

서너 평짜리 여자의 방

사하라사막 횡단한 낙타가
눈물 삼키는 방
붉은 태양 아래 꿈을
태우다 남은 빛으로
벽에 걸린 어제의 얼굴 씻어
황혼을 이고 나오는 여자

나는 너를 모른다

서걱거리는 모래 숲
꽃이 자라 나비 날아도
어제와 오늘의 경계를 빗질하며 찾아드는 상념
골진 이마 위 오 촉 백열등
어둠 흔들어 깨워도
새벽은 고요하여 멀다

뒤척이는 어둠을 털고 와
내일의 밥을 짓는 낙타의 눈물
나는 보았다, 너 닮은 나를

수선화

걷다가 한 번쯤 '그리웠다'
말을 해도 좋으련만

기다릴 줄 모르는
그래서 붙잡을 수 없는
떠나가는 너를 수없이 보냈다
햇살 얼기설기 앉은
연산역 벤치에 서서

비 오다 갠 파란 하늘
꽃도 피고 지는 건 시 같아
너 안에 꽃이 피어 나도 따라 핀다
물에서 건져낸 나르시스
꽃들이 지나간 기억의 시간 속
겹겹이 우거진 추억

기다리지 않을 너에게 간다
언 땅 바람이 할퀸 연둣빛 자리
노란 꽃 자국 지우며 지고 말
그 길을 넌 온몸으로 간다

어떤 예감

비가 내렸어요
가끔은 햇살도 비추었지만

검은빛만 쪼여요
커튼을 걷고 백열등을 켜요
세상은 온통 그림자만
번식시켜요

담벼락에 핀 장미의 무리
눈물로 얼룩 씻고
울음 속 어두운 색만 가두어요

때때로 찾아오는 그림자는
감옥을 완성하죠
창살 없는 감옥에 갇힌 불안
무너져가는 것은 결국 날카로운

하루는 어제의 감각으로 쏟아져
강을 이루어 바다로 가고
파도의 언어로 포말 져
위험한 상상을 덮어가요

너에게로 가는 길

산봉우리 돌아 이어진
삼십 리 남짓 도래솔 길

저 푸른 6월의 산하
붉은 청춘 품고 누웠구나

금방 돌아올 것 같아
며칠 밤 바람처럼 서성이던 날
산하에 온통 붉은 철쭉꽃 피웠나

잘나
나라에 바친, 꿈 많던 짧은 생
너에게로 가는 길은
저 산모퉁이 눈물로
굽이돌던 삼백육십오 일

오늘
지천에 양귀비꽃
붉은 심장 딛고 일어선 하늘
눈물로 얼룩질까 하얀 그리움 달고
너에게로 가는 길은
저 산 돌아도 천 리 길

길 위에서의 잔상

어디에 서 있는 걸까
어디쯤 온 걸까

묻는다, 사랑했던 모든 것에
자유롭지 못한 영혼
하얀 기억에 박힌 흠집 난 언어로
한 생애 뜨겁게
상상만 하다 죽어가는가

내가 사는 이유로 하루가 저물고
달빛 곱게 엎질러지던 밤엔
영혼은 바람처럼 자유로워
심연에 잠든 언어 깨워
불같이 사랑하는 일이다

눈동자 적시던 바람
꽃은 꽃으로 피지 못해 떨어지거나
대중주의에 편승해
무임승차하는 것은 아닌지
그 그늘이 너무 뜨거워
조용히 목을 놓은 것인지

이 밤도 이런저런 사유로
방 안 가득 돋아난 언어
달빛 젖어 뿌유스름한 새벽을
토해내는 건 아닌지 모를 일이다

떠난다는 것은

햇살이 바스러져
허허로운 날엔
누군가의 의미가 되어
떠나고 싶다

그 길 위에서 만난
모든 것을 사랑하다
기약 없이 이별할 때
하염없이 네게로 가고 싶다

생은 어쩌면 장엄한 침묵
눈 감아 가슴 열고
내 환영을 바라보는 풍경

허상에 집착하지 않고
진실이란 믿음으로 돌아와
말갛게 씻긴 은사시나무로
서 있고 싶은 것

때론,
떠난다는 것은
비우고 이별하다 새겨진
삶의 주름진 문양
푸른 핏줄로 녹여 지워질 때
쓸쓸한 우리로 추억하는 것이다

박재원

『대한문학세계』 시 부문 등단(2018년). 대한문학세계 신인문학상 수상. 시와달빛문학작가협회 정회원. 시와달빛동인회 정회원. 대한문인협회 경기지회 정회원. (사)창작문학예술인협의회 회원. 공저『푸르름 한 올 그리다』『눈물만큼 작은 하늘』 park-jawon@hanmail.net

풍경을 담다

가을빛 흘러내리는
산책길 사이사이
투박한 나무 벤치로
농담처럼 느슨해진 시간

일상의 틈 속에
풍경이 되는 사람들
막 시작한 연인들의
수줍은 듯 설렘

풀벌레 소리의 합창으로 더해지는
어린이들의 천진난만한 웃음소리

향긋한 갈바람의 동참에
시선을 향하는 곳마다
맑은 언어로 가득 차

온기 있는
가을 풍경의 배경으로
서로의 나침반이 되어주는
마음을 읽는 셔터를 누른다

가을 그리고 우리

바람과 하늘빛이
어우러져
빛 고운 가을이다

눈길 닿는 곳
온통 가을 향기와
자연 색감 묻어나는
있는 그대로의 순수

계절의 순환선에서
작은 마음에 여백을 넣어
온화한 시선으로 세상을 담아본다

무심하게 흘러가는 삶 속에
계절이 붓이라면
우리는 그 붓끝으로
마음의 여백 안에 시를 짓는다

비 내리는 날

수묵빛 하늘
계절을 여는 커튼과도 같은 비
고단한 마음 잔잔한 휴식으로
어수선한 감정을 차분히 식혀주지

푸른빛 감도는 찬 느낌의 순수
바쁘게 걷는 우산 위로
꽃잎처럼 날리고

아날로그 감성이
두 개의 찻잔 사이로
조곤조곤 수줍게 엿보는
나른한 감성으로 빠져들지

꽃무릇

우연히 마주친 너의 눈빛
바람 불지 않는 날에도
이유 없이 멋을 부려

너와 나의
어색하고 설레는
행복한 실루엣을 엿본다

싱싱한
초여름의 잎사귀
푸근한 몸매도 뒤로하고

홀로
가녀린 몸으로
불꽃 피워 올려

하늘만 바라보다
어긋난 운명 앞에
깊은 탄식을 내쉰다

하늘 스크린

무심하게 던졌던 시선이
잊고 있었던 마음을 열고
자연의 미학 속으로 빠져본다

바람과 빛이
부드럽게 녹아드는
우윳빛 그늘 드리우면

오밀조밀한
동화 속 얼음 궁전이
하나, 둘 퍼즐 조각처럼 일어선다

클래식한 리듬으로
한 폭의 거대한 스크린
거창한 구름 축제를 벌이며
하루를 지나고 있다

찬비

톡톡 튀는 빗소리
풋풋한 자연의 숨소리

마음속 어느 한 곳
빈 공간 없이 채워주는 이름
달아오른 마음마저 차분히 가라앉힌다

다소곳한 낡은 벤치
수북이 쌓인 로맨티스티인 날들
시치미를 뗀 회색빛 하늘만 올려다본다

겨울을 맞이하는 나무
마음을 흔들었던 가을의 빈자리만
묵묵히 견뎌낸다

데칼코마니

익숙한 듯 익숙하지 않은 듯
물결에 흔들리는
소리 없는 낯선 표정들

마주한 가을 너머에
곳곳에 흩날리는
너의 흔적

건조한 바람에
부질없는 바람을 툭툭 털어내고
이별을 아쉬워하는 슬픈 몸짓이다

어쩌면 당연한 일
다 그렇게 변해가는 걸
허공을 껴안은 바람이나 알아차릴까

오월은

칵테일 향기
상큼함 머금은
초록 바람 온몸을 감싸면

너울너울 춤을 추는 아카시아
짙은 향기에 이끌려
오월의 건널목을 걷는다

피톤치드 너울거림
풋풋한 녹음과 버무려져
성숙한 시간

빌딩 숲과 어우러진
노천카페의 커피 향 여유를 즐기면
찰칵찰칵 셔터 소리
줌으로 계절을 당긴다

사랑별

사랑빛 한 아름
녹여내려
바람 품에 안긴 너

초록, 빨강, 노랑 선율 타고
한 잎, 두 잎
별이 되어 눈부시다

햇빛, 달빛, 별빛도
반해버린
넌 어느 별에서 왔니

억새의 춤

바람결에 찾아든 빛무리
은빛 바다에 쏟아져 내리면
파도 타고 출렁이는 은빛 물결

하얀 손 정답게 내밀며
사그락사그락
말을 건넨다

시간과 빛이 녹아든
일상의 작은 움직임
건조한 바람에 서걱이면

하얀 설렘으로
희망 하나 담아
갈 수 없는 그곳까지
바람은 배웅한다

바람

— 바라다

눈부신 햇살부터
무한한 바다 높은 하늘까지
지휘하는 바람에 최면을 걸지

고요했던 하루를 밀어
노을에 가만히 맡겨두면
조용히 내려앉은 어둠

하루라는 이름을 지워내며
내일의 희망을 또 그리게 되지

오늘 부는 바람이
내일의 바램을 이해하는
너와 나의 숙명 같은 것처럼 말이지

以瑟 손장순

전북 무주 출생. 계간 『시세계』 시 부문 등단(2016년). 문학세계문학공로상, 시와달빛 공로상, 한국베이비박스문인협회 문학대상 수상. 시와달빛문학회 정회원. 들으면서 말하라 명상 정회원. 그루터기앉아쉬는바람 동인. 삶 사랑 나누기 동인리더. 한국베이비박스문인협회 총무. 한양문학 이사. 『강건문학』, 『월간 시선』 작가. 공저 『푸르름 한 올 그리다』 『눈물만큼 작은 하늘』 『말(言)들이 수행하는 절간(寺)』 『베이비박스에 희망을 싣고』 『한국을 빛낸 문인』 『하늘비 산방』 『시 오솔길 문학애』 외 다수.

sjs25087@naver.com

사랑

그대가 볼 수 없는
향기 그윽한
꽃밭이 있어요

어둠 속에서 홀로 피어
외로운 꽃도 있고요
밤새 울어
아침이면 젖은 향기로
그리움 달래는
이슬꽃도 있어요

기다림에 고개 숙인
가여운 꽃도 있고요
행복에 겨워
방긋방긋 향기 날리는
웃음꽃도 있어요

그대는 볼 수 없지만
내 마음속 꽃밭은
그대가 주인입니다

그대가
매일 내 마음에
꽃을 피우니까요

그대 마음에도
오늘
사랑꽃이 피었나요

이슬빛 사랑

밤새 흘러내리다가
문득 그대 앞에
서 있습니다
흐르다 흐르다
더는 흘릴 눈물마저
말라버린 시각
우뚝 선
그대의 시선에
찬란한 햇살이
화살처럼 가슴에 박혀
무지개가 됩니다

꿈이어도 좋습니다
당신을 품을 수 있다면
찰나여도 좋습니다
당신에게 내 마음 전할 수 있다면
초록빛 잎새에 맺힌 수정이
눈물이어도 좋습니다
오래도록 당신의 눈빛에
머물 수만 있다면

흐르다 흐르다
문득 그대 앞에 서 있습니다
영롱한 이슬이 된
수정 빛 사랑입니다

붉은 장미

붉은 향기는
선홍빛 피의 노래

향기로운 언어에 귀먹고
달콤한 속삭임에
눈먼 어느 여인의
붉은 눈물

돋아난 가시는
심장을 찌르고
뒤돌아서면
매혹적인 사랑에
밤새
붉디붉은
심장의 눈물 쏟아
물들인 사랑의 슬픔

오월 하늘은
온통 빠알간 향기에
취한 사랑이다

단풍 같은 사랑

보여주지 못한
사랑
심장 깊숙한
골짜기의 외침은
붉은 선혈 물결이 되어
두 볼을 홍조로 물들인다

벼랑 끝에 선
열정의 춤사위
곤두박질치는 발걸음에
생의 끈 부여잡고
발버둥 쳐봐도
소진해버린 사랑은
더는 타오르지 않는다

시방은
작별 인사를 해야 할 때
못다 한 인연은
다음 계절에 맡겨두고
연의 끈을 놓는다

못다 한 사랑아
이제는 안녕!

상사화

못다 한 그리움
햇살에 맡겨두고
분홍빛 그리움으로 고개 숙인다

죽어서도 그리워
임 향한 마음은
들녘을 떠돌고
기다림에 지친 마음
바람에
푸념도 던져 보건만
천 년이 가도
마주하지 못한 임 생각에
붉게 타는 심장
시린 찬 바람에
서러운 사랑 품에 안고
가을 속으로 스러진다

사랑이란

사랑이란
공유하는 것
슬픔을 함께하고
기쁨을 나누고
서로의 삶에 동참하는 것

사랑이란
신호등 같은 것
안전한 거리에서
멈출 땐 멈추고
다가설 땐 과감하게
가속페달을 밟아
서로의 가슴으로 돌진하는 것

사랑이란
문자로 정리된 것들이
무용지물이 되는 것
가슴은 이성을 가로질러
대책 없이 다가서고
물러설 수 없는
깊은 늪 같은 것

정리되지 않은 언어들이
널뛰기하듯 넘나드는
슬픔과 기쁨의 언저리쯤
똬리를 튼 뱀처럼
가슴에서 소유의 혀를 날름거리며
이성을 마비시키는 것
사랑이란
그런 것

기다려지는 이유

기다리면 오지 않고
그리움으로 다가오는
사람아

바람이 거세게
가슴을 지나치면
혹여
그대 향기라도
바람 따라 오시려나
하염없는 그리움으로
창밖을 서성인다

무심한 바람은
부질없는 기다림이라 비웃지만
그대가 심어둔
내 마음의 꽃향기는
오늘도
그리움 사이에 피어오른다

인생

웃고 살아도
한세상
울고 살아도
한세상

향기로운 꽃도
시간 앞에 스러지고
밝은 달도
파도 소리에 사라지는
인생 살이

세상사
욕심도 내려놓고
미움도 내려놓고
사랑만 가득 안고
살아도 서글프련만
무엇이 두려워
오늘도
삶의 무게를
가슴에 차곡차곡
쌓고 있나

순대국밥 한 그릇

길고 긴 전쟁터였다
언어의 칼날에
심장이 찢기고
눈빛이 쏘는
비열한 총알에
한바탕 피를 쏟아내도
해가 남아 있는 동안은
소리 없이 총성이 빗발치는
길고 기—ㄴ
전쟁터였다

패잔병처럼 축 처진 어깨로
전투 배낭을 늘어진 어깨에
단단히 동여매고
잃어버린 생기를 찾아
순대국밥집에 앉았다

뚝배기에서
부아가 부글부글
끓어오른다

오늘도 가슴으로
꾸울꺽
집어삼키는
못다 한 말들

가슴으로 스며든
알싸한 소주 한 잔
하루는 길고
순대국밥은 뜨겁다
가장으로 살아가는
어느 여인의 삶처럼

스스로 하나 되어

계절의 향
빗살 치는 햇살에 묻어
코끝에 머물면
나도 계절이 된다

나른한 고양이 하품 같은 오후
볕을 가슴에 품고
깨끗하게 흐르는 삶 위에
사유의 끝자락 흘려보내나니

삶이 계절이고
자연의 부유물 중 하나가 내 육신이라
계절의 향에 젖은 오늘은
모든 근심 걱정
시간에 얹어두고
나도 자연이 된다

손 진 숙

시와달빛문학작가협회 정회원. 시와달빛동인회 정회원. 민주문학회 정회원. 공저 『푸르름 한 올 그리다』『눈물만큼 작은 하늘』

2024314@hanmail.net

페르소나*

내게 주어진
배역에 충실하다 보니
나의 실체가 어떤 건지

연기한 배역이
마치 자신인 듯 착각을 하지만
때론 가면도 써야 하지

겉 단장 중요하지만
속 단장을 위해
마음에 근육을 키워야 하지

나의 밖에서
나를 바라볼 줄 알아야 하지

뿌리가 엉켜 있는 나무는
단단히 서 있지

사랑하는 사람들과 엉켜
다른 차원 착한 위선의 뿌리가
나의 마음속으로 내리뻗어가는

* 페르소나(Persona) : 고대 그리스 가면극에서 배우들이 썼다 벗었다 하는 가면을 말한다. 이후 라틴어로 섞이며 사람 인격, 성격의 어원이 되었다.

인생은

시작과 끝이 있습니다
그사이엔 선이 있고
선은 길을 만듭니다

그 길 위에 절반을
넘어와 있습니다

포기하지 않고
걸어온 길은
내 서랍 속에 많은 것을
담았습니다

말하자면
잘한 건 없지만
묵묵히 견디어낸 세월은
참으로 고귀한 선물임을
이제 깨달았습니다

인생은
이해하는 것이 아니라
그걸 해내는 것입니다

먼저 하는 겁니다
내가 먼저 말입니다

수어(手語)

손끝에서
꽃이 피어나고
나비 날아와 춤춘다

볼륨 높이지 않고
귀 기울이지 않아도
소리가 들린다

우리의 숱한 만남과 이별
슬픔과 기쁨이 알알이 박혀
가슴 한가득 메운다

삶의 본향은
아우성이 아닌
소리 없는 몸짓임을 알겠다

조용히
손말에 마음을 기울여본다

배경이어도

꽃잎은 하나, 둘
서서히 떨어지고

오랜 세월 바위는
파도에 쓸려 물결 층을 낸다
점점 곱게 느껴지는
노을의 빛
그것은 결국 아름다운
수평선 너머로 사라진다

나는 매일 꽃잎으로 떨어지고
바위 되어 물결에 쓸리며
세월의 저 너머로
사라지겠지만

중심이 아닌
노을 닮은 배경이어도
이 얼마나 눈부신 일인가

인내의 힘

한계를 뛰어넘는
기나긴 기다림이
놀라운 세계를 열었다

휴식도 없는
무기력한 시계 초침이 되어
알 수 없는 세월을 보내고

이제
서로를 허락하는 시간

내가 아는 내가 다 끝이 아님을
막, 깨닫는 순간
벅찬 감동 끌어안고
묵은 체증을 쓸어내린다

세상 눈치를 보며
사시가 되어버린 지난날의
황톳빛 거센 물살이 지나가고

안개 숲에 잠든 아침은
새날이 되어 내게 왔다

어떤 날의 빛보다
눈부시게 찾아온 화려한 빛
그 진정한 행복을 위해
꼭 붙잡은 손 놓치지 않으련다

하얀 사랑

내가 좋아서 하는 일이
얼마나 가치 있는 일인지
알아볼 일이다

흰 눈은
지상에 내려앉을 때
때 묻을 걸 알고 있었을까

두려움 없이
세상을 덮어주는 백설처럼
다가오는 사랑이 되어줄 일이다

눈엔 행복으로
입가엔 미소 머금고
서로를 바라는 그런 세상이 올 수 있다면 먼저 손을 내밀어볼 일이다

내미는 손
누군가 잡아준다면
헛되이 살지 않았음에 감사할 일이다

靑江 오광진

『한국문학작가회』 등단(2016년). 2016년 열린 동해문학 작가상 수상. 〈충남일보〉 기고 작가(전). 시와달빛문학작가협회 정회원. 시와달빛 동인회 정회원. 한국문인협회 회원. 들꽃문학회 회원. 파란풍경마을 필자. 공저 『심상의 지느러미』 『푸르름 한 올 그리다』 『눈물만큼 작은 하늘』 『꾼과 쟁이7』 『나들목의 향기』 『내 마음의 풍금소리』 『달빛을 줍는 시인들』 『한국대표 서정시선7』 『초록물결2』 『그대 올 때면』 외 다수.

kjohone@hanmail.net

빨간 장미

지글지글 타오르며
너를 그리워하는
담벼락에 기대 서 있는 내 심장

거울을 보다

나를 보고 싶소
보이지 않는 뒷모습처럼

당신이 보는
보이지 않는 내 모습

그저
산다는 것에 지쳐
잊고 살고 있는 게 없는지

당신은 거울이 되어주면 좋겠소
나를 볼 수 있는

나는 나를 보고 싶소
당신 눈으로

베개의 사랑

너는 매일 밤 내게로 와
얼굴 비비적이며 사랑을 나누었지

때론, 내가 토라져 밀쳐내도
말없이 나의 자존심을 지켜주던 너

꺾일 수 있는 아픔을 감싸
수평을 이뤄야 한다는 것을 속삭이었고

긴긴밤 너를 품에 안으며
쓸쓸함을 달랬다

내가 힘들 때면
언제나 난, 너에게 기대었기에
오늘도 너를 꼭 껴안고 다짐한다

영원히 같이하자고…….

구애

걷는다는 건
에너지를 소비하는 일이다

또한, 걷지 않으면
에너지를 얻을 수 없다

고단한 인생길
너와 함께 할 수 있다면

발걸음이 가벼울 텐데
타박타박

돌팔매질

잔잔한 호숫가에
파란 하늘이 걸려 있습니다

하얀 솜사탕도
뭉게뭉게 물가에 피어
내 눈에 가득 찼는데

툭 떨어지는 눈물

제 가슴이 출렁거립니다

당신 때문에…….

적과의 동침

날이 밝으며
포성이 울리고
전쟁은 시작된다

총알같이 날아오는 목소리
시도 때도 없는 폭격 속에
정신까지 혼미해지고

밤이 되면
또다시 육탄전이다

그래도 좋다

시와 연애

콩닥콩닥 심장이 뛴다

너와의 만남은 늘 새롭고
수줍음에
붉은 홍시가 되었지

너를 생각하면
풍선처럼 불어나는
벅찬 가슴

너와의 사랑은 그렇게 시작되었지

나는 행복했다

까만 밤, 하얗게 불 밝히며
너에게 보내는
한 소절의 내 마음

목화

툭 터질 듯한 부푼 마음
가슴에 담아

활짝 피어난 곱디고운
흰 속살

푹신푹신한 몸짓에
빼앗긴 내 마음

부드럽게 스며 올 때
그 따스함이란

나, 너를 사랑할 수밖에…….

가슴앓이

아파도 아프지 않듯
살 수밖에

속은 곪아 썩어 문드러지는데
아무렇지 않은 듯

굳게 닫힌 무거운 입술
끝없는 기다림

어머니…….

봄

꿈틀꿈틀
일렁이는 아지랑이처럼

내 가슴에 바람이 인다
살랑살랑

흔들리는 내 마음
나 어찌할꼬

활짝 필 수밖에…….

어둠을 읽다

빛이 사그라들어
지친 몸도 하나둘 사라져
침묵만 남아 있을 때

먹이를 찾는 하이에나들은
어슬렁거리며 밤을 누빈다

삶의 고단함에 지쳐
질척이는 젊은 청춘들이
흐느적거릴 때

어둠에 생존하는 박쥐들은
날개를 펴 어둠에 불을 밝힌다

역사는 밤에 이루어진다고 했던가?

환한 어둠 속에서
그들은 말없이 어둠을 삼키며
태양을 빚고 있었다

초롱 거리던 별빛이
꾸벅꾸벅 졸고 있을 때
슬그머니 어둠을 밀쳐내는 태양

그들도 하나둘 사라졌다
어둠 속으로

유 수 봉

제3회 시와달빛 신인문학상 수상. 시와달빛문학작가협회 정회원. 시와달빛동인회 정회원. 공저『푸르름 한 올 그리다』『눈물만큼 작은 하늘』

꽃 중의 꽃

당신은 꽃보다
아름답습니까?
우리에게는 그보다
아름다운 꽃이 있었지요
그 꽃이 무슨 꽃이냐고요
방 안에서 피는
사철 웃음꽃이에요
색깔도 없고 냄새도 없으면서
표정과 소리 나는 꽃인 걸요
나팔꽃에 소리가 없듯
애기똥풀에 냄새가 나지 않듯
금낭화 주머니에 동전 소리 없듯
조팝나무 팝송 부르지 않듯
큰 소리 나는 웃음꽃
꽃 중의 꽃 아닐까요?

시골 아침

뽀얀 연기가 모락모락
꽃잎처럼 하얗게 피어오르는
외딴 초가집
새벽 벽두부터 부산하다
새벽 감꽃을 흔드는
토종닭 홰치는 알람 소리 울리면
낑낑 관심 끌려는 복실이
꼬릴 치켜세우는 어린 송아지
배고픔에 울어대는 고양이와 꿀꿀이
마을 일거수일투족을 주시하는
감나무 위 까치 한 마리까지
저마다 달음질치는 아침
활기가 넘쳐흐른다
"얘들아, 밥 먹자"
촌노의 아침 인사 떨어지기 무섭게
고양이 녀석이 맨 먼저 쫒아오고
밥 익는 소리에 익숙한 가족들도
정겹게 둘러앉으니
밥상은 웃음꽃 피는 화단이 된다
오늘 아침 태양은
유난히 찬란하게 빛난다

봄이 오는 길목에서

정자나무 높은 가지
겨우내 굶주린 배를 채우려
오색딱따구리가 인기척에도
아무런 반응 없이 나무를 쪼아대니
하얀 부스러기만 바람에 흩어진다
누렁이는 철퍼덕 엎드려
고개를 앞발에 올려놓고
딱따구리의 먹이 사냥이 신기한 듯
뚫어져라 쳐다보고
우물가 울타리 담장엔
개나리 사이좋게 엉겨 붙어서
입을 쩍— 벌리며
아지랑이 실려 오는 봄바람이
그리 좋은지 둥실둥실 춤을 춘다

이웃 조가비 목련은
꽃잎에 아기자기한 사연 적어
초대장을 바람에 날려 보낸다
양지바른 울타리 모서리
꼬꼬네 집 병아리 녀석들
뽀송뽀송한 깃털 맵시 있게 차려입고

졸린 눈을 지그시 감은
엄마의 등을 파고들며
자장가 소리에 삐약 삐이약
스르르 잠든다
이곳저곳에 행복은
아장아장 찾아와
입가에 미소가 흥건하고
모두들 실눈 뜨고 남녘 하늘만 쳐다본다
봄이 오늘 길목에서

뚝배기 하루

칙칙폭폭 피—익
덜컹덜컹 요란한 굉음과 함께
이침 탁자를 향해 달린다
단단한 철갑옷
세상살이 열정이 녹아
울퉁불퉁한 상흔들
어찌 이루 말하랴
하루에 3번 주방역에서
사랑방역 거실역 안방역을 횡단
유혹의 구수한 향취를 풍기며 오고 간다
할머니 어머니 까마득한 옛날부터 한결같이 이 길을
한마디 말도 없이 오갔다
칙칙 보글보글 새벽을 열며
오늘도 출발을 위한
맛나는 향을 가득 싣고
덜컹덜컹 기적을 울리며
출발의 신호를 한다

손

움켜쥐고도 모자라
꼭 쥐고 잔다
무슨 운명이기에
날마다 쥐었다가 놓고
날마다 쥐었다가 놓고
세상 모든 것을 만지고 또 만지작거리며
그런 너의 일상이 부끄럽지 않더냐?
공수래공수거를 안다면
그런 짓을 그만할 것이지

발가락 형제

일어나 우리는 세상을 점령하려
앞으로 앞으로 자나 깨나 한마음
어떤 가시밭길도 뚫고 가는 무적의 용사
철갑옷 입고서 어디든지 달려가는 무패의 결사대
발가락 10형제들
천리마처럼 달리고 달려
해가 서산으로 기울면
땀범벅 하루의 보상은
시원한 물세례가 전부요
공로에 따라 마사지가 특별 훈장인 셈
무한 복종으로 신임받는
생사고락 함께할 발가락 형제들
오늘도 그들에게 뜨거운 박수를 보낸다

아기 사과 다둥이 엄마

어허 이런 어려운 이 시기에 그렇게 많은 대식구들이라
보릿고개 흉년이 들면 어쩌려고!
젊은 새댁
자식들 귀하다 하여도 올망졸망
낳은 아들 몇 명이나 되는지
지금도 늦지 않으니 서둘러 가족계획 하시지요?
지금 세상 홀로 사는 사람들 많다던데
끼니 걱정, 잠자리 걱정도 잊은 채
빨간 다둥이 엄마의 얼굴에는
다복한 사랑의 미소
역력함을 엿볼 수 있으리

해와 달

태양이 빛나는 것은
맑은 하늘에 구름이 없을 때이고
달이 밝은 것은
캄캄한 어둠 때문일 것이다
그들이 하는 일은
철저히 어기지 아니하는
영원불변의 시간과 약속일진대
감히 누구도 모방하지 못하며
영원에서 영원을 알 수 없는 까닭이
존경과 경배의 대상이기도 하다
세상이 끝날 날은
그들만이 알 수 있고
그들만의 세계는 누구도 알 수 없다
세상을 향한 무한의 사랑
무한한 빛으로 아낌없이 주는 그들에게
기쁜 마음을 전하노라

제비꽃

철썩 주저앉아 웃는지 우는지
쭈그리고 모퉁이 바람이 추울 텐데
그래도 방긋 웃는 모습에 발길 멈추니
너의 갸우뚱거리는 애교에 아침 출근이 가볍다
한 포기 친구도 없고 뙤약볕에 그을려 뜨거울 텐데
욕심도 세간살이도 없이 불모지에
그래도 다행이다
온 가족이 오고 가는 마을 주민에게
해맑은 인사 하랴 고개 아프리라
가상하고 처마 끝에 삶을
조금도 내색하지 아니하는 너의 가족을
양지바른 밝은 창가 베란다 한편에
서리 나리는 가을날 우리 집에 이사 오려무나
아름다운 너의 가족과 함께 살고프다

담쟁이의 꿈

사는 게 별거더냐
나는 보았지
엉금엉금 기어가는
실오라기 걸치지 않고
살아가는 지렁이를
나는 보았지
눈이 큰 아이 푸른 망토 걸친 청개구리도
비가 오면 우는 것을
나는 보았지
어슬렁어슬렁
기어가는 남생이를
나는 보았지
혼비백산 뛰어가는
목이 긴 사슴을
벼랑이면 어떻고
나뭇가지면 어때서
나의 살 곳은 이곳
탁 트인 하늘만 쳐다보면
그뿐인걸

牛步 이광희

울산 출생. 월간『모던포엠』등단(2017년). 문학세계문학상 문화예술대상 수상. 세계모던포엠작가회 정회원. 울산 북구문학회 회원. 계간『문학애』시분과위원. 시와달빛동인회 회장. 시와달빛문학작가협회 대표. 2018년 한국문학을 빛낸 100인 선정. 저서『이광희의 아름다운 유혹』, 공저『심상의 지느러미』『푸르름 한 올 그리다』『눈물만큼 작은 하늘』『조국의 푸른 꽃넋이여』『지평시선집』『그대, 이 땅의 눈뜬 흙이 되어』『달빛을 줍는 시인들』『시 오솔길 문학애』외 다수. noble2616@naver.com

이런 봄날엔

날빛 휘어진 이승의 길섶
낮술에 취한 노을이
어둠에 목을 내놓고 서 있는 시간

마른 눈에 눈물샘 파던 바람 일고
돌배나무꽃 하얗게 자리 깐 봄날
내 마음속에도 꽃물결 일 때 있었지

졸다 놀란 산토끼 속눈썹같이
까뭇한 추억의 씨앗을 깨워
두둑한 이랑을 이고 일어설 때
사이다병처럼 흔들린 가슴속
꽃 멀미하던 봄날도 있었지

그렇게 보낸 봄날도
그저 불끈 허공에 주먹 한 번 쥐는 것으로 스쳐 가고
그 후 중년의 힘으론 감당하지 못할
여여히 푸른 소매를 걷은 여름날은
잿빛 구름 한 장 깔고 올 것만 같았지

마침내
살사리꽃 꼬리 감춘 가을이 오고
갈대꽃 허옇게 유서를 넘긴 서녘
달빛마저도 제 꼬릴 감추겠지만
그렇게 스윽 발목 잘린 어둠도 찾아오겠지만

못다 이룬 꿈은
죽어서도 꿀 것 같았지
이런 봄날엔

세월

내 꿈은
어느새 당신 안에서
잠이 들었을지도 몰라

심장이 뛰는 동안
풀잎 그 가녀린 손목을 진맥하며
몸 기울어져 떠나는 당신 앞에서
더는 시들지 않으려고
저린 손바닥을 편다

유월의 햇살 한 홉
떠먹인 광엽의 푸른 손으로
눈물만큼 작은 하늘을
뻗쳐본다

이따금
둔한 촉각 한 점 들고 일어서는
분열된 점자(點字) 신호가
푸른 신경을 고문한다

기(氣)가 꺾여 떡잎이 된 두 손으로
비비고 빌어보는데

꽃노을에 취해가는 당신은
잔이 엎질러진 저녁 술상처럼
붉은 가슴 흥건히 젖도록
다시 못 올 다리를 건너간다

뭐든지 잘 지우고
피고 지는 인연마다 약이 된 당신
가슴과 가슴에 성긴 사연
가시처럼 따끔하게 찌를 때마다
냉혈의 강이 되어 건너게 하는
이별의 여신

세상에 연기가 처음 피기 전에도
물방울은 돌을 뚫었고
마음 겨눈 창으로 마음도 뚫었겠지만
인연을 놓고 가는 그 무심함은
질펀한 시간의 질흙에 빠져
헛바퀴를 굴린다
바람같이 구름같이 물같이
여전히 늙어가는 나같이

돋보기

하루가 수척하게 지나갑니다
사선의 현장을 뚫고 지나갑니다
한 줄로 기어 다니는 누에가
마지막 저녁상을 물리고 갓 펼친
책장 위로 가물거리며 지나갑니다
오래전 등 돌린 사람들 뒷모습같이
차갑게 빛을 잃어가는 초점을 향해
뿌연 입김을 물고 헝겊이 지나갑니다
더러운 지문을 닦아내고 교감하는
볼록 굵어진 가슴의 유선을 따라
쪼르르 활자들이 초점을 안고 일어서고
망막 속으로 투시하기 시작합니다
이러한 사실들을 아이들은 모르고
지나갑니다, 그저 빛을 모으고
종이 태우는 일에 흥미롭습니다
그런데 먼 곳이 더 잘 보이는 어른들은
원형의 테두리 안에서 줄곧 씨름합니다
빽빽하게 닫힌 마음의 창을 열면
약한 바람에도 감전된 눈물을 흘립니다
그리곤 두툼한 원형 유리 침대에 드러누워
벌떡 일어서는 문자에게 눈웃음 짓습니다

돋보기 초점이 올록볼록 훑어지는 긴 문장
초점을 맞추면 잃었던 옛 고향길도 찾아냅니다
누에 발자국에 깔린 낱말이 번쩍 눈을 뜨고
이내 문장을 번식한 나비가 살아납니다
동그란 뜰채로 문장을 건어 올립니다
지면의 바닥에 희미하던 세상은
곧잘 일어나 고요하게 손을 흔듭니다
환한 세상의 초점이 돋보이기 시작합니다

낙엽이 초록에게

청춘이란
바닥을 칠 때이다
더 내려갈 곳을 찾을 때이다

그러니 너무 가벼이 울지 마라
정상을 오르던 수많은 사람도
세상에 어둠이 차면 하산하느니

내가 한 장의 붉은 운명을 끌어안고 바닥을 칠 때는
마른 가슴 빗물이라도 적셔보려는
때늦은 몸짓일 게다

청춘아,
네가 더 내려갈 곳을 못 찾아
한 오금도 안 되는 힘줄을
땅껍질에나마 묻을 때는
칼날 돋운 시퍼런 바람에 버텨보려는
처절한 희망의 몸부림일 게다

만약,
지금 내가 청춘이 되어
다시 바닥을 친다면

인연의 끈을 놓아 날개 없이 떨어진다면
사랑만큼은 진실을 안고 떨어지려네

이제 막 산에 불을 내지르고
눈물겨운 환대를 받는데도
서로의 생이 다른 나무에서 떨어져
하나 된 사랑을 하는데도
나뭇잎에 쓰는 시 한 줄은
왜 이렇게 아리고 슬픈지

청춘아, 세상의 바람은 이토록
한 올 실오라기 걸친 풀잎이
땅바닥에 무릎 꿇을 때까지
흔들어 시험하려고 할 것이다
마구 꺾어버리려고 할 것이다

그러나
자연의 심판은 냉엄하다
너는 흔들어 피어날 것이고
나는 흔들려 떨어질 것이다

그해, 4월의 바다

맹골수도 거센 물살이 휘돌아
벚꽃을 지워요
그리운 섬 진도 앞바다
꽃처럼 다정히 앉은 섬들도
몸을 낮추고 기도를 해요

하얗게 필 이팝꽃 꿈들이 꺾여지고
개나리꽃이 핀 가장의 어깨도
힘에 부쳤는지 마지막 주름을 접어요
대한민국 국호보다 더 커 보였던
진정 사랑하는 법을 가르친 스승
그 이름이 내 눈 안에서 붉은 잉크처럼 번져요

우리들의 가슴에는
모두 바다의 별이 되었어요

소금꽃 돋는 잔인한 입들이
퍼런 작살이 되어 파고들 때도
그 창백한 영혼들에게
분노를 아끼며 절망했어요

이념의 물결이 갈라놓은
저 무능한 푸른 골수의 가설에
지금도
가슴은 그날의 부표처럼 떠 있어요

바다 쥐들이 물어다 놓은 과적한 양심과
그들이 갉아먹던 자리에 지옥의 물결이
해맑은 눈동자를 덮쳤어요

바람만 불어도 터질 것 같은
피지 못한 꽃봉오리
"괜찮아, 괜찮아, 기다려라"
그 착한 기다림이 죽음이었어요

목탁 소리가 물결에 젖어오네요
첨탑의 종소리도 물속에 가라앉네요

남은 우리
바다에 절을 짓기로 해요
성당도, 교회당도 짓기로 해요

우리 슬픔의 주소 맨 끝에
희망 304길 5호* 또록또록한 그 이름
가슴에 적어두기로 해요
그리고 어둔 바다에 촛불을 켜요

* 304길 5호 : 304명의 세월호 희생자와 끝내 구조하지 못한 5명의 실종자를 저자의 의도로 표기함.

그대에 젖는 밤

가끔
속눈썹에 맺히는 이슬이
허우룩한 생각에 젖게 한다

분홍빛 신음 한 소절 이지러진 방
달빛에 은은히 숨어 있는
그대 고운 눈빛 못 본다고
그 간절한 숨소리 잊으랴만

가벼이 눈만 감아도
심장 위로 불을 켜 드는 그 눈빛
번져오는 사랑으로 졸음을 개며
어둠 쌓인 은밀한 숲을 헤친다
바람 소리에 지문 찍어
다시금 불면의 책장을 연다

머뭇거리던 바람 따라간 사람아
달빛 녹인 그대의 버들가지 늘어지게 비트는
아픔을 왜 모르겠는가
가파르게 숨결 돋우는
새살 돋는 사랑인데
잔설이 녹아 물살 붓는 봄날인데

종

큰 손으로 내리치지 마세요
우린 죽어요
살아서 나가 죽을 때까지
파랗게 피멍 져 갈라지는

우린, 쇠북 안에 갇힌 물고기
한시름의 음파장을 물고 나와
세상 밖에서 말라 죽어요

내가 울 땐
꿈꾸는 배춧잎 한 장에
나가떨어진 비명 한 장
절규하는 고통의 울음

종이 되어
종이 되어
종이 되어

목 잘린 불빛, 끝없는 마찰음
그 속에 한 점 먼지처럼 사라진
비정규직 청년 노동자 김용균

얼마나 외로웠을까
얼마나 고통스러웠을까
그 외롭고 비통한 울음
가슴을 내리치는 종이여

하늘이 깨어지는 비명을
우린 듣지 못해도
번식하지 못한 나비가 그렇게 사라져도
종이란 놈의 자식은 또 울고 울어요

고통의 사슬에 매달린
그 외로운 비명 사라질까요
그 간절한 희망이 울려 퍼질까요
아, 사라지는 종소리

* 태안화력발전소에서 하청업체 비정규직 노동자로 일하다 사고로 목숨을 잃은 24살 청년 김용균의 죽음 앞에 이 추모시를 올린다.

스카비오사의 눈물

꽃이 아름답다고
선뜻 간직하겠다는 사람
어디 있으랴

이 땅 위에 같이 살면서
꽃은 꽃으로 살아야 하고
사람은 사람으로 살아야 하는데

두 줄기 강물을 건너야만
만날 수 있다는
지독히 그리운 인연의 격강(隔江)

삶이 다른 우리가 만나
사랑한다는 것은 눈물이다
아름다운 삶이다

꽃을 간직하고 싶어도
마음속에 액자만 걸어두자
숨결까지 간직하려 들지 말자

그대 원해 한 아름 품었던
그 꽃 얼마나 가드냐

시들어 다시 쇠잔하게 돌려보내는
그 슬픔의 맛 어떻더냐

꽃은 그리움 안고 피었으되
제 몸 안에서 사랑하는 법을 배운다
자기 몸 가장 높은 곳에 받들었던
자기 몸 가장 깊은 곳의 향기를 품었던

꽃잎 속 음부를 다 열어주고도
함부로 넘지 못하는 고결한 사랑
그것이 사랑이다
수술이 암술에게 가는 길이다

꽃도 철이 있고 사람도 철이 있다
맺었던 씨앗을 다 떨고 가는 것이
꽃이다, 사랑이다

바람꽃 여인

아직도 생의 눈두덩 안에
눈빛 흔드는 갈등의 미로가 있다면
그곳에 그대 발자국이 꽂혀 있다면
첫 눈발을 맞은 은사시나무처럼
뻐덩하게* 서서 흔들려보려네

사연의 보풀이 욕망처럼 일어
가난한 잎은 송이 눈처럼 뭉쳐지고
삶은 난간으로 사랑 없이 떠밀려
하얗게 눈발처럼 흩날릴 때
시린 가슴 눈물로 메꾸어온 바람꽃 여인

서리 먹은 바람만 어깨를 치고
친구인 양 지나갔으리
현실은 안팎이 몰락한 냉골의 방
고독이 빳빳이 선 채
그대 주름 깊은 숨소릴 덮쳤으리
생각하면, 시침이 뚝뚝 끊어지는
두려움의 눈물이 가득 찼을

방 안에 몇 장의 사유를 깔아 시침한
곱디고운 목화솜 한실 이불

그대 풀잎 같은 마음 덮어주려네
한 아름의 꽃다발을 감싸 안듯
저리도록 팔베개하여 얇은 한 장의
압화처럼 포개어 꽃잠 들어 보려네
그렇게 함께 시들어가려네
바람꽃 여인아

* 뻐덩하게 : '얼어서 나무처럼 단단하게 되다' 혹은 '물기가 말라 뻣뻣한 모양'을 일컫는 경상도 지방 사투리.

삽 한 자루의 농학(農學) 1

태화강 물줄기도
서너 번은 갈라졌으리라

손톱 밑에 기억이 까맣게 낀
사무친 그리움이 흘러가고
여전히 논바닥엔 꼿꼿한
삽자루 하나 서 있네

'벼는 농부의 발자국 소리를 듣고 자란다'며 당당하시던 그 명분
그대로 꽂혀 있네
땅만 한 진실이 없다던 그분
논에 물을 대놓고 벼꽃같이
하얀 이 드러내고 웃으시던 그분

마음의 골 따라 물 들어가네
흔들리고 출렁여도 뿌리만은 깊던
그분 살아온 인생이
삽 한 자루의 농학 같네

칵테일 이 재 호

월간 『문학세계』 등단(2018년). 시와달빛문학작가협회 정회원. 시와달빛동인회 정회원. 문학세계문인회 정회원. 공저 『푸르름 한 올 그리다』 『눈물만큼 작은 하늘』 vnzkrxpdlf@naver.com

Almost Blue

오늘 왠지 쓸쓸해
한잔하고 싶었어

뭐, 살다 보면
그런 때 있잖아

시시한
인생 타령, 하고 싶은 날

술 한 잔
걸치고 나니

Chet Baker의
Almost Blue가 듣고 싶어

약간은
쓸쓸한 듯하지만

어찌 보면
감미로운 음률

그게
사람 사는 일 아니겠는가

헛헛하지만
그래도 아름다운 삶

감사할 따름이지

꽃샘바람

꽃샘바람에
벚꽃 치마 흩날리니
바람 가는 길
어디쯤인가

춘정 알리는
하얀 나비 한 마리
그 길 따라
흥겹게 나풀거리고

바람조차 달콤한
이 좋은 봄날
한 아름 춘심을
어이할 거나

스스로 그러하다

다정한 벗님이 보내온
카톡
2019년 신춘문예 시 부문 당선작 모음

그 마음이 고마워
창을 열고
천천히 음미하고자 하지만

21세기
디지털 감성이
조금은 낯설어

20세기
아날로그 감성에 익숙한 나는
불현듯 이방인이 되었네

21세기를 살아온 날이
20년인데

창을 닫고
잠시 눈 감아본다

창밖에서 들려오는
까치의 노랫소리
깍 깍 깍

아 그래
그는 그의 희로애락을
그렇게 노래하는구나

그는 그렇게 소통하며
어울리는구나

느낌으로 받아들이자
그가
즐거운지 또는 분노하는지

세상의 모든 것은
그 나름의 의미가 있는 것

그는 그대로
또
나는 나대로

들판의 풀꽃처럼
따로 또 함께
그렇게 어우러져 빛나는 것을

그것이 바로
지극히 아름다운
자연이리니

초심

쉽게 꿈꾸지 말고
쉽게 흔들리지 말고
초심 그대로 가다 보면

그 길이
꽃길이길 바라면서
터벅터벅 가다 보면

그렇게
가다 보면
알 수 있겠지

간절한
내 마음이
하늘에 닿았다는 걸

봄날

들고양이 게으른 하품
덩달아 나른해지는 오후

개나리, 진달래, 벚꽃
유혹의 몸짓이 정겨워

아지랑이 피어오르는
몽환의 봄볕

다정한 내 님의 그윽한 눈빛
따뜻한 행복의 봄날이 가네

내 편

세상사
모순투성이라
때론 억울하고
때론 힘들다 느낄 때

누군가
기댈 사람이 있다는
사실만으로도
위로가 된다

어머니의 존재가
그리운 이유이다

모래시계

증기탕 문을 여는 순간
훅하고 현실의 열기가 다가온다
멈춰버린 모래시계를 되돌려놓자
살아 있음을 증명하듯
땀이 송골송골 배어 나온다

모래시계가 멈춰진 후
냉탕에 들어가자
정신이 번쩍 들며
젊음을 되찾은 듯하다

멈춰진 시간을 되돌려
다시 시간이 흐르게 하고
그 시간이 멈춘 후
다른 공간으로 갈 수 있다는 사실에
새삼 감사한 마음이 든다

모래시계
윤회의 의미가 무엇인가를 느껴본다

추심(秋心)

가을비 내려
빛 고운 단풍
낙엽 되어 흩날리니

홀연히
쓸쓸함과 그리움이
사무치네

이백(李白)의 '추풍사'가
그리워
다시 한번 찾아보니

옛 선인의 그리움도
애끓는 듯
새롭구나

추심은
시공간을 초월하여
늘 그리움이런가

중년

그렇지
여백의 미가
어렴풋이 느껴지는 나이

그러하기에
어렴풋이
새 꿈을 꾸고 싶은 나이

그러나
아직은 설익어

눈 쌓인
감나무 우듬지에 남아 있는
홍시가 되고픈 나이

휴(休)

?
?
?　?
?　?　?
!　!　!　!
!　!　!
!　!
!
,
,
???
??
?
!
!!
!!!
.
.
.
?
&— — —,　　　.
휴(休)~ ~ ~!

休耕 이진옥

경남 합천 출생. 시와달빛문학작가협회 정회원. 시와달빛동인회 정회원. 공저『눈물만큼 작은 하늘』ljinok@hanmail.net

대숲에 부는 바람

더운 바람을
댓잎으로 걸러내고 있는
대나무 숲에서 눈을 감는다

눈을 지그시 감고
귀를 쫑긋 세우고
지나가는 바람 소리 듣는다

따가운 햇볕을
걸러내고 있는 대숲 사이로
낭창낭창 햇살이 비치면

댓잎 위를 미끄러져 내리는
그 빛이 얼마나 아름다운지
눈을 감고 있어도 햇살이 보인다

나를 비우고 지나가듯
잠시 바람이 되어
대나무 사이를 미끄러져 흐르더니

스치듯 다가와서는
내 어깨 한번 툭 치고 지나간
당신은 누구인가요?

나는 바람, 너는 숲
바람이 묻고
숲이 답한다

이 고단한 삶을
훌훌 멀리 털어내고 싶어
너를 기다렸었다

막연한 기다림
팍팍했던 나의 삶 속에서도
너를 잊은 건 결코 아니었다

기다림은
그냥 기다리면 되는 것인데
무얼 그렇게 조급하게 굴었는지

너를 향한
그리움의 무게만큼
내 삶의 무게도 무거웠다

더운 날 소낙비 소리처럼
대숲을 가로지르며 내는
청량한 바람 소리를 듣고 싶었다

이팝나무꽃

어느 봄날 등 뒤에서
슬픔 같은 하얀 몸짓을
곁눈질로 훔쳐보았지

스치는 바람에
부서질 듯
가냘프게 흔들리는 꽃잎

속치마 자락 같은 하얀 속살
보일락 말락
부끄러운 듯 내보이고

눈부신 하얀 빗살무늬
주렴처럼 내걸고
눈꽃처럼 하얗게 흩날리네

이마 위 손 얹어
봄 햇볕 가리며 웃는
순결한 너의 얼굴

너의 부재처럼
잊고 있었던 그 자리에
바람이 잠시 숨을 멈추면

돌아갈 수 없이
너무 멀리 와버린 길에
죽어도 놓지 못하는 끈처럼

아픈 순정 가슴에 품고
맨 가지 끝에 쪼그려 앉아
슬프게 피어났구나

놓지 못한 인연의 끈
너의 하얀 미소에 배어나는
진한 그리움

날개 젖은 나비처럼
혼절하는 하얀 꽃
소리 없이 피어나는 꽃

한바탕 봄꿈 같은
짧고 깊었던
늪 속 깊이 숨겨둔 사랑

마음속에
물결처럼 그리움 일렁이면
하얀 네가 그립다

봄바람

하얀 햇살
가슴 살짝 짓누르며
저만치 달아나면

머리카락 날릴 정도의
바람 살랑대고
지난겨울을 훌훌 턴다

볼을 스치는 바람은
여전히 어깨를
오므리게 하였지만

잠시 걷는 동안
나의 코끝에
봄의 상큼함을 묻힌다

봄바람은
물컵에 담긴
레몬 한 조각 같아서

휘휘 젓는
긴 스푼을 닮아
목마르면 휘젓고

문득 생각에 잠기다가
손이 심심하면
또 휘젓고

사월(四月)의 산

사월의 산은
새색시를 닮아
오를 때마다 옷을 갈아입는다

지난주
한 땀 한 땀
뜨개질하느라 바쁘더니

어제 내린 봄비로
목욕을 한 산은
남풍에 봄바람이 났을까?

하얗고 붉은
색동옷을 입었다가
금세 덥다며 벗어 던지더니

새색시에게
연두색 치마를 갈아입히는
사월의 산은 온통 연둣빛

산들산들 봄바람에
얇고 고운
진달래 저고리 걸쳐 입고

섬섬옥수 고운 손
나긋나긋 흔들며
살랑살랑 춤을 추는 산

가는 허리 낭창낭창
흔들며 걸어가는
뒷모습이 요염하다

새 옷 갈아입는 여인처럼
사월의 산은
언제나 수줍다

소풍 갈까요? 우리

내려오는
다정한 햇살은
소풍 바구니에 한가득 담고

마주하는
살가운 바람도
우리 가슴에 한가득 담고

아주 오래된 연인처럼
팔짱 꼭 끼고
소풍 갈까요? 우리

지나가는 구름이
우리가 부러워
슬쩍 훔쳐볼 것 같은데요

숲에 등 대어볼까요?
아직은 차갑겠지만
뭐 어떤가요

그 속에
움트는 새 생명은
더 따뜻해질 터인데

팔 벌려
반듯하게 나란히 누워
하늘을 볼까요?

잎사귀 하나 없는
나뭇가지 아래에도
하늘이 내려오네요

그리고
솜사탕 닮은
하얀 저 구름은

우리 머리 위로
손대면
한 움큼 쥐어지겠네요

우리 손 쭉 뻗어
한입에
쏙 넣어볼까요?

하지만
너무 갑작스레 녹을 것 같아
나 싫네요

혹시라도
당신이
그렇게 스러질까 봐서요

그래도
우리, 오늘
소풍 갈까요?

동백

붉은 동백 피었다
조급해서일까?
봄을 맞는 내 마음처럼

먼저 피어난 꽃은
고개를 가누지 못하고
바람에 툭툭 떨어져 뒹군다

도대체 얼마 만일까?
동백이 필 때쯤
이곳을 찾은 것이

그해 붉은 동백이
피었다 지며
바닥에 떨어져 뒹굴 때

붉은 낙화 주워서
하트 만들어
손가락 걸며 약속한 그 날

동백이 피면
함께 꽃구경 오자던
약속은 일장춘몽이었네

그동안 동백은
저 혼자 피었다가
혼자 외롭게 졌었나 보다

열병을 심하게 앓던 봄
유난히 붉었던
그해의 동백은

슬프게 고개 숙이며
그렇게
툭툭 떨어져 뒹굴었다

우리 붉은 청춘도
봄바람에 나풀나풀 날려서
그렇게 지나갔다

세월의 강을 건너
다시 찾은 이곳엔
여전히 동백이 붉다

동백이 피면
함께 꽃구경 가자던
너와의 약속

세월의 강
무정한 세월이
우리를 이렇게 갈라놓았네

세월 가면

먼 시간 속에
깊이 은애(隱愛)했던 사람 있었지
부표처럼 떠 있는 이름 하나

소나기 지나간
여름 뜰의 후박나무처럼
청정하던 여자

깊은 계곡의
맑은 물가에 뿌리 내린
물푸레나무처럼 고왔던 여자

너를 사무치게
그리워했던 시간도
꿈속에서의 일인 양 가뭇하다

가슴 깊은 곳에
화인처럼 남겨졌던 기억들을
밀어내는 것은 세월이더라

잊지 못한다고
무엇을 두려워하랴

망각의 늪으로 떠미는 세월

인력으로 못 하는 일을
세월은 하더라
결국 세월은 해내더라

애써 잊으려고
몸부림치지 않아도
세월 가면 모두 잊히는 것을

은행잎이 떨어지면

나뭇잎 떨어진다
스치면 과거가 되는 시간을 안고
노란 가을이 떨어진다

주근깨 덕지덕지 앉히고
노란 얼굴의
가을이 뚝뚝 떨어진다

낙엽 날리는 바람처럼
정신없는 움직임으로
과거로 흘러가는 시간을 본다

이미 과거의 인연이 된
노란 은행잎들은
소곤소곤 이야기를 들려준다

가을 끝,
겨울 시작이 아닌
영겁의 시간은 앞으로만 향하고

선을 긋지 않고도
그냥 무심히 흐르는
시간의 끝없는 흐름 속에서

나,
믿는다

먼 훗날에도
그들이 무수히 뿌려놓은
노란 은행잎처럼

수많은 이야기를
소리 없는
그림으로 들려줄 것이라고

퇴색되어가는
가을 속에
또 다른 나를 새긴다

겨울 햇살

햇살 비껴가는
베란다 창가에 앉아
아른거리는 그 빛을 본다

투명한 창
그 안으로 그 밖으로
겨울 햇살이 가득하다

해는
나무 그림자
전봇대 그림자

창가에 앉은 내 그림자
다독다독
자리 옮겨가며 뒤집는다

해는
구름이 다문다문
하늘을 수놓는 날엔

곳곳에 그 빛을
고루 비추기도
고루 거두기도 하더니

구름이 짙게 하늘을 덮어
더문더문
파란 하늘을 보여주는 날엔

그도
그 빛을
비추고 싶은 곳에만 비추더라

차가운 겨울 햇살이
그림자 길게 늘이는
눈부신 오후의 겨울 창가

가을, 운문사

초록의 옷을 벗고
갈색으로 갈아입는 산허리를
가을빛이 감싸 안으면

어디선가 날아든
보라색 빛살이
흔들리는 단풍나무 가지에 앉아

수줍은
가을빛 색동옷을 흔들어
출렁이게 한다

사각거리는 바람을 타고
숲속에는
빨간 별 무리가 떠다니고

귀를 스쳐 지나는 소리가
바람인 줄 알았는데
개울가의 물소리였구나

개울가에서
수정 같은 맑은 물에
얼굴을 비춰보니

내 얼굴 너머에
빨간 단풍잎이
파란 물컵 속에 담겨 있다

문득
누군가 날 부르는 것 같아
뒤돌아보면

지난 시절
잊고 있었던 추억 같은
알싸한 산국의 향기

산사의 소나무는
가끔 불어오는 바람을 뼈대로
억겁의 세월을 키운다

긴 팔 늘어뜨린 소나무 밑에
속세의 군상들이 내는 소리가
야단법석이지만

번뇌의 무거운 짐
내려놓은 산사에
어둠이 내리는 시간이 되면

하얀 달빛이
수런거리며
끝없이 탑돌이를 하겠지

윤슬 이청수

부산 출생. 『푸른문학』 등단(2017년). 시와달빛문학작가협회 정회원. 시와달빛동인회 회원. 희망봉광장 기행작가. 캘리그라피 사범 자격증 취득. 대전 MBC 예쁜엽서 공모전 특선. 캘리그라피 KBS방송국전시 외 다수. 공저 『심상의 지느러미』 『푸르름 한 올 그리다』 『눈물만큼 작은 하늘』 『시 오솔길 문학애』

cheongsoo@hanmail.net

새로운 만남

밤새 주르륵 차가운 소리
이별을 고하듯 투덕거리더니
이내 봄비 젖은 채로
저마다 물방울 떨어뜨리며
이별을 한다
투명한 물방울 소리
펴져 슬퍼할 사이도 없이
나는,
꽃에 가려졌던 초록 풀잎과
눈 맞춤을 한다
눈길이 빼앗긴 꽃과
또 하나의 설렘에
작은 풀잎들도 손을 흔든다
틈새로 내비치는 빛 따라
초록의 우아함에
함께 미소 짓는다
콘크리트 사이로
살포시 고개 내미는

연극

새하얗게 수놓으며 시작한 무대
아직도 끝나질 않았다
아무리 쏟아내어도 남아 있는
감정의 물결 속에서 허우적댈 뿐
나를 숨 쉬게 하는 햇살 같은 미소도
아련한 감성으로 가득 채운 채
아픔의 음성이 들린다
끝 모르고 토해내는 그대의 마음
무대의 주인공이 되어
서투른 감정들을 토해내지만
실수투성이의 열연은
익숙하게 반복되는 삶이 되고
오직 그를 향한 멈출 수 없는 외침과
휘몰아치는 그 감정의 줄기는 뻗었건만
정녕, 내가 외로운 날
무대는 끝나고 내 곁엔 아무도 없었다

억새

밤하늘에 스크린 되어
은빛 물결 일렁인다
휘몰아치는 바람결에
긴 머리 웨이브로 하늘을 감싸 안고
거센 비바람의 진한 포옹으로
힘없이 쓰러진다
꿈결 같은 체온의 부드러움에
혼돈되어 설레는 마음
그 바람이 멈추는 어느 날
달빛 위로 떠오르는 사랑
불꽃처럼 타오르는 열정에
산등성이 억새도
비스듬히 추억을 껴안는다

노래

소프라노의 발악으로 나팔을 쏜다
한 번도 올라가 보지 못한
음계의 꼭대기에서 성대가
꺾어지도록 목줄을 뺀다
옛 추억이 건반을 딛고 걸어오고
설렘은 방음판을 흔든다
내 가슴도 전동판처럼
반짝반짝 불을 켠다
춤추는 이별가에
전율마저 에코의 꼬리를 물고
멋들어진 노랫가락에
흥겨움이 들썩거린다
어설픈 고백송엔
애틋한 사랑이 싹트고
고요할 것 같은 내숭마저도
적막하게 폭발한다
또도독 빗방울 소리도
은빛 물결 되어 내 마음을 전하고
주옥같은 파열음은
달팽이관을 찢으며 퍼져 나간다
사람 사는 세상, 사랑이 있는 곳으로

외출

아침 창으로 스며드는
신기루의 날빛은
나를 흔드네 실눈과의 묵언으로
달콤한 게으름에
이불과 전쟁놀이를 해 보지만
말을 하네, 머리와 가슴은
아지랑이 너울대는
부드러운 미풍 속으로 떠나라고
새색시 시집가듯
볼살 불그레 물들이고
오롯이 단장한다
맘에 드는 스타일로
어느새
입가엔 꽃망울 미소 벙글고
화려한 일탈 꿈꾸는
내 머릿결도 웨이브를 춘다

한 박자

제트기처럼
뜀박질만 하는 우리네 삶
한 박자만 쉬어 갈게요
딱 한 박자
레일에 미끄러져
멀어져가는
기차 소리에도 귀 기울이고
숨죽여 듣는
애달픈 이별가처럼
전율의 끈을 붙잡고 있어요
한 박자 놓친
그대 뒷모습 보며

영혼에 뿌린 음악

온몸 빛나 보이게 하는
아늑한 미소 가슴을 채우네
폐허의 숲에 알 까는 벌레들이
상처 위로 윙윙거리고
절망밖에 없는 오지의 늪에
한 신부는 마음의 심지를 꽂는다
나 어찌 너희들의 손을 놓으리
맑디맑은 생명 빛 얼굴들을
처음 너희들을 만나는 순간
외계인 바라보듯 슬슬 뒷걸음질만 쳤지
잠시 머물던 영혼의 안식처 톤즈
이곳은 내 삶을 멈추게 해버렸지
흩어진 영혼들을 모아 트럼펫이 되고
클라리넷이 되어
성스러운 합주곡이 되는 순간의 빛을 보았지
블랙다이아몬드 눈동자에서
빛나는 광채
편견과 증오와 욕심에 뒤섞여
상처받은 영혼들
이슬 같은 눈빛에 부끄러운 하늘

영혼을 치유할 수 있는 힘은
바로 너희들이 내게 준 선물
너희들과 함께했던 아름다운 삶
영혼의 전율
톤즈브라스밴드 아이들의 눈에선
이슬이 그렁그렁
울지 마 톤즈 슈바이처

불꽃놀이

팟, 슈웅
칠흑 같은 밤하늘에 수를 놓듯
치지직 치지직
화려한 꽃들이 하나둘
밤하늘 스크린이 되어
꿈과 낭만을 연기한다
꽃잎은 제 몸을 웨이브로
하늘을 가른다
한순간만은 세상의 빛 되어
달콤함을 전한다
꽃들의 전쟁
깊은 밤 불꽃 이야기를 뿜어낸다

그늘

푸른 잎이
손을 내민 순간
사랑은 시작이야
초록이
무르익는 유월에도
뜨거운 열과 사랑을 하지
난
그 유월의 사랑
그늘을 먹는다

봄볕

봄볕이 졸음을 몰고
아지랑이 따라 나푼거린다
웅크린 겨울의 기억 위로
세월이 덮어가고
봄은 피아노의 맑은 소리로
통통통, 떨어지는 물방울
후드득 마음의 빗장 열고
눈부신 빛 바르고 나온다
웃자란 봄볕은 깨알을 볶아
점점이 민낯 위에 붙인다

경북 영천 출생. 시와달빛문학작가협회 정회원. 시와달빛동인회 정회원. 경희문학회 회원. 주남벌 문예지 회원. M&G 바이오텍 대표이사. 공저『푸르름 한 올 그리다』『눈물만큼 작은 하늘』 hmlee8662@naver.com

100세 인생길

— 장인어른 생각하며

얼마나 긴긴 세월이었나
바쁘게만 달려왔던 인생길
잠시 가던 길 멈추어 뒤돌아보니
어느새 아흔여섯 해 세월이 지나고
인생길 한 백 년 세월이 목전에 와 있네

모진 가난 굶주린 배 움켜쥐며
바닷바람 막아 방죽논 만들고
언덕길 풀뿌리 캐내 화전밭 일구었지
세월 품은 자식 농사 저 돌무덤 속에는
닳고 닳은 손가락 마디마디가 녹아 있으리

아! 참으로 먼 길 달려왔구나
이젠 지친 백발아, 너도 잠시 쉬어가야지
한평생 세월의 이슬비 맞으며
곱이곱이 버텨온 소중한 인연들 모아
한 백 년 인생길에 눈물의 사진첩 되었구나

어차피 인생이란
하늘이 부르는 날 그날까지
뜬구름 쫓다가 소나기 만나는 일이 인생이 아니던가
이젠 올망졸망 자식들도 제 둥지 찾아 다 떠났구나

그러게 자식 농사 밭농사도 다 같은 것이지 뭐
돌아보면 인생길 한 백 년도 다 아름다운 추억이었네

그래 세월아, 고맙다

허 허 허
내 걸어온 한 백 년 인생길이 그리 외롭진 않았구료

바람 부는 날엔…

무슨 영문인지
4월의 봄인데도 심한 강풍이 분다
갓 피어난 꽃망울에도 사정없이 불었다
내 야윈 뼛속까지 후벼파며 불어닥쳤다

난 왠지
여름날 산들바람 빼곤 바람은 다 싫다
내가 그토록 바람 너를 싫어하는 이유는
오늘 부는 바람 너를 빗대어
그 누굴 원망하고 싶지 않기 때문이다

바람아 넌
이런 내 속마음을 알고나 있는지
이런 내 가슴앓이쯤이야 너 안중엔 없을 테지
어쩌면 이게 다 타고난 내 여린 마음 탓이리라

이렇게 심하게 바람 부는 날이면
하얀 영혼 불태우며 잠 못 들어 뒤척이다가
꿈속과 현실이 구분조차 안 되는 새벽이 돼서야
나는 한 줄기 햇빛 화창한 봄날 찾아 나선다

바람아! 바람아!
이제 제발 좀 멈추어주면 안 되겠니
왠지 이렇게 바람 부는 날엔
바람기 없는 화창한 봄날이 그리워진다

바람이 사람을 사랑하고
사람이 바람을 원망하지 않는
정녕, 그런 날은 또 언제나 올 것인가?

왠지 오늘처럼
이렇게 바람 부는 날엔
가슴이 따뜻한 사람이 그리워진다

노량진 고시촌

새벽 4시 칠흑 같은 어둠 속
도시는 아직 깊은 잠에 빠져 있는데
딸그락딸그락 여기저기서
주먹밥집 김밥집 하나둘씩 불이 켜지고

밤새 지친 가로등 불만
전깃줄 길게 목을 늘어 졸고 있다가
수험생 알람 소리에 화들짝 다시 불을 밝히면
하늘 아래 노량진 고시촌이 제일 먼저 눈을 뜬다

어느새 벌써 눈을 떴을까
가엾은 젊은 청춘들 슬리퍼 소리에
잠에 취한 노량진 고시촌 골목길은
오늘도 수험생들 뜀박질 소리 분주하기만 하다

따닥따닥 붙어 있는 건물 사이로
고시촌 낡은 건물이 하얀 이빨 드러내고
저만치 여의도 63빌딩 희미하게 밝아오면
담장 위에 잠이 덜 깬 노량진 들고양이도
하루가 짧은 공시생들 촌각을 재촉한다

아! 어쩌다
우리는 지금 이런 시대를 맞고 있는 것인가?

그러나
그대 젊은 청춘들이여!
지금 잠시 갈 길 잃은 배고픈 청춘들이여!
결코 그대들, 오늘 현실을 탓하지는 마라

노량진 고시촌 젊은이들이여!
뛰는 그대 가슴에 더 큰 용기를 품어라
그대 뜨거운 가슴엔 밝은 내일이 있지 않은가

퇴근길 소주 한 잔

오늘 하루도 길기만 한 날
오늘은 왠지
하루 종일 욕먹고 깨지고
샐러리맨 힘든 하루가 지나갔다

퇴근길 포장마차 들렀다
혼자서
소주 한 병 시켜놓고
소주잔 앞에 앉았다

쪼르륵
너를 따를 때 그 소리가 좋아
널 가만히 쳐다보고만 있으면

언제나 수정처럼 맑은 너
넌 어디서 왔니?

가만히 보니까
너 참 웃기는 짬뽕이구나
하기야… 네가
오늘 이 꿀꿀한 내 기분 알 턱이야 있겠니?

그래!
오늘 하루도
퇴근길 소주 한 잔에
고단하고 힘든 샐러리맨 긴 하루를
목구멍 속으로 꾹꾹 밀어 넣는다

아버지의 마음

아들아!
너 지금 정말 힘이 드니?
세상길 노 젖다가
못 이길 만큼 힘이 들거든
이 아버지한테 달려오려무나
아버지가 함께 노를 저어주마

아들아!
너 지금 정말 죽도록 울고 싶니?
행여 첫사랑 잘못 발 디뎌
가슴 시릴 만큼 죽도록 울고 싶거든
이 아버지한테 달려오려무나
아버지 첫사랑 긴 얘기도 들려주마

아들아!
너 어릴 땐 참 총명하기도 했었지
그때 아버지는
온 세상 다 가진 것만 같았단다
봄날이면 우리 삼부자가 산으로! 바다로!
지금도 그 추억들이 생각날 때면
이 아버지는 한없이 행복하단다

아들아!
어느덧 이제는
아버지만큼 훌쩍 자라 어른이 되었구나
그러나 아직도 이 아버지 눈엔
두발자전거 첫걸음마 떼는 어린애 같기만 하구나

사랑하는 아들아!
행여 이 험한 세상길 가다가
걷던 길 힘들어 울고 싶을 때 그땐
언제든지 이 아버지한테 달려오렴

거울 앞에 선 나

거울은 누가 만들었을까

오늘 문득
나는 거울 앞에 서본다

거울 앞에 선 나
그 속에 난 아무런 표정이 없다
꼭 얼빠진 관찰자 된 기분이다
내 모습 초라할 땐 더 그렇게 보인다
그래서 거울 향해서 싱긋이 웃어도 본다

거울아 넌,
언제나 너무 정직해서 그게 흠이구나
내가 널 보고 한 손 내밀면
너도 꼭 한 손만 내밀었지
넌 언제나 날 따라만 했을 뿐
두 손 내미는 그런 위인은 아니었지

인류 역사상
만약에 거울이 없었다면
자기가 자기 모습을 볼 수 없었다면
이 세상 여자들은 또 어떻게 변해 왔을까

? ? ?…
도무지 그 모습 상상이 안 된다

오늘,
거울 앞에 선 나
난 너에게 큰 결심 하나 해 보기로 했다

거울아!
오늘은 내가 나를 볼 수 있었으면 좋겠다
반사된 내 모습 껍데기가 아닌
내 안에 참된 내 모습 나 자신을 발견하고 싶다

엄마의 바다

엄마는 나의 바다이다

난 엄마의 바닷속에서 헤엄치며 놀고 있는
한 마리의 어린 천방지축 물고기였다

엄마의 일생은
가난에 몸부림친 애환의 세월이었다
시집올 때 해온 손때 묻은 낡은 부엌 가구들
무쇠솥단지 무게만큼이나 짓눌린 궁핍들이
우리 집 대가족과 함께해온 엄마의 일생이었다

수많은 내 기억 되짚어보고
엄마의 세월 수백 번 곱씹어보지만
내게 남은 엄마의 기억은
당신 한평생 짊어진 힘든 삶의 무게 그 기억뿐
내겐 그 이상 떠오르는 것이 없어 더 가슴이 아프다

엄마의 가슴엔
눈물로도 다 채우지 못한 큰 웅덩이 두 개 더 있습니다
경운기 사고로 먼저 하늘나라로 떠나신 아버지 사건과
당신 가슴에 그 눈물이 채 마르기도 전에
부산에 살던 서른한 살 큰아들을 잃은 큰 사건입니다

그렇게 두 번씩이나 당신 가슴에 큰 상처를 묻었습니다

엄마는 행여 남은 자식들한테 큰 누가 될까 봐
퍼내도 퍼내도 마르지 않는 눈물의 세월 삭히시며
자식 먼저 보낸 그 고통 30년을 온몸으로 삼키셨다
결국, 엄마는 돌아가시는 그날까지도
큰아들 얘긴 당신 혼자만 그렇게 가슴속에 묻은 채
홀연히 떠나셨다

엄마의 바다는 눈물의 바다
엄마 생각만 하면 눈물이 난다
한평생 눈물 맛만 쌓여서 가슴 아린 쓴맛입니다
엄마 살아 계셨을 때
당신에겐 언제나 몸뻬바지에 찌든 땀 냄새뿐
그 흔한 화장품 냄새 분 냄새 한번 맡아본 적이 없다

내가 부모가 되고
60년 세월이 흐른 후에서야
나는 엄마도 여자인 줄 처음 알았습니다

엄마 기일 날
우연히 낡은 찬장 한켠에서 발견한

때 묻은 엄마의 낡은 손지갑 속에는
다 닳아빠진 엄마의 헌 틀니 한 개와
20년 전에 돌아가신 빛바랜 아버지 증명사진 한 장
말라빠진 빈 동동구리무 한 통이 엄마의 유품 전부였다

그날 밤
60이 넘은 나는 처음으로
사무치는 엄마의 그리움에 가슴을 쥐어짜며
손수건에 싸인 엄마의 닳은 틀니 끌어안고서
밤새껏 울었다

오늘따라 밤하늘엔
유난히도 무수한 별들이 반짝이고 있다
은하수 저 별빛 속에는 분명 우리 엄마도 있겠지?

엄마!

정 · 말 · 보 · 고 · 싶 · 어 · 요

내 친구 옥선 스님께
— 2019.4. 감산사에서

아! 시간이 멈추었나
이 심심 산속에 세월이 멈추었나
50년 전 우리들 추억도 함께 멈추었나
하늘마저 내려앉은 이 깊디깊은 산사에
여기 옥선 친구 자네가 살고 있었구나

친구야!
오늘 이렇게
자네 소식 전해 듣고 한달음에 달려왔네
멀고도 험한 첩첩산중 오는 길목엔
순백의 하얀 찔레꽃도 소리 죽여 반겼었지
이렇게 50년 만에 우리 다시 만날 줄이야

친구야!
내가 자넬 마지막 본 건
초등학교 6학년 그때가 마지막이었었지
그때 넌 참 눈망울 어여쁜 소녀였었지
어느 하늘나라에서 내려온 천사 같았는데

친구야!
오늘 내가 널 만난 이 기쁨 이 감회
내 어찌 다 표현할 수가 있을까
반갑다 반가워! 내 친구 옥선 스님이여
우리 오늘 다시 만나 맺어진 이 인연
하늘이 접는 그 날까지 아름답게 이어감세

부부란 무엇인가?

부부란 무엇인가?
막상 옆에 있으면
티격태격하다가도
막상 옆에 없으면
걱정되고 보고 싶어지는 것

부부란 무엇인가?
못 살겠다 못 살겠다 하면서도
혼자서 맛있는 것 먹을 때면
제일 먼저 그 사람이 생각나게 하는 것

부부란 무엇인가?
저 웬수 땜에
내 팔자 다 망했다 다 망했다 하면서도
정작 자기 팔자는 고칠 수가 없는 것

부부란 무엇인가?
턱을 괴고
밤새 내 머리 쥐 날 정도로 생각을 해봐도
지금도
도무지 풀리지 않는 의문의 대상이다

아니, 30년을 넘게 함께 살았어도
지금도
풀리지 않는 영원한 의문의 대상이다

부부란 무엇인가?
많은 세월이 흐른 후
두 사람 중 어느 한쪽이 없어져야만 알 수가 있을까
에잇… 도무지 정말 모르겠다

부부란 무엇인가?
아! 이 숙제?
정말 어렵다

정년퇴직은 다시 시작이다

어젯밤엔
밤새도록 잠을 이루지 못했다
2016년 4월 1일
정년퇴직한 날이다
밤새 머릿속은 복잡해도 아침은 밝아왔다
세 시간이나 더 빨리 새벽에 출근했다
아무도 없는 사무실, 혼자 앉아서 눈을 감았다

이젠 정녕
떠나야 할 시간이 왔단 말인가?
지금 나는
깊은 잠에서 잠시 또 꿈을 꾸고 있는 것일까?
아직도 이 현실이 받아들여지지가 않는다
'정년퇴직'이란 나와는 관계없는 줄만 알았는데

동고동락을 같이했던
오랜 세월 정든 내 책상
손때 묻은 산더미 같은 서류철
수도 없이 오르내리던 연구소와 공장 철계단
젊은 시절 내 숨결이 함께 머물렀던 이곳
33년의 지난 세월이 필름 되어 스쳐 간다

이제는 다시 오지 않을
내 가운데 생선토막 같은 시간이여
이제 즐거웠던 추억들만 가슴에 묻고 가야지
내 청춘 다 삼킨 33년의 세월은 말이 없고
내 남은 자산 달랑 명함철 한 박스가 전부구나
오후쯤 남은 자들 배웅을 뒤로하고 정든 회사 떠나왔다

오늘 새삼 거울 속에 내 모습을 비춰보았다
그 속엔 33년 전 초롱초롱했던 한 청년의 그 모습은 간데없고
어느새 주름 잡힌 낯선 얼굴의 한 중년 남자가
빙그레 웃고 서 있다
아! 그렇구나 벌써 세월이 이만큼 흘렀구나
언제나 청춘일 것만 같았던 나도 이젠 많이 늙었구나
가는 세월 거스를 순 없는 일이 아닌가
그래! 이젠 내게 주어진 모든 현실을 받아들이자
정년퇴직 그 까이것! 그게 뭐 그리 대수냐

그래! 너, 이희목!
33년간 그동안 참 수고 많이 했어!
그간의 너의 노고에 큰 박수를 보낸다
지금은 100세 인생 시대라 하지 아니했던가?

오늘 난 정년퇴직하는 날
또다시 큰 가슴 열고 목청껏 큰 소리로 외쳐본다

그래!
정년퇴직은!
이제 내 인생 다시 시작이다!!!

천은 장영남

『문학춘추』 시 부문 등단(2018년). 시와달빛문학작가협회 정회원. 시와달빛동인회 정회원. 모래성문학회 회원. 공저『푸르름 한 올 그리다』『눈물만큼 작은 하늘』 tellarya@hanmail.net

벚꽃이 질 때

그립다는 말
차마 못 하고 손을 흔드는 봄날
먼발치 돌아서 가는
하얀 당신이
하루해처럼 멀어지면
세상에 홀로 남겨진 빈 가지에
남은 미련만 흩날립니다

세상의 아름다움은 어찌나 찰나인지
온 산이 불타듯 물들 때는
먼 뒤안길에
가는 세월 묻어두고
늘 설렐 줄만 알았습니다

가고 오는 것의 허무를
뼛속에 묻을 때쯤
산허리에 벚꽃은 문득 지고
내 연분홍 한때의
애상곡에 울먹입니다

늘 꽃이 진 자리에
새잎을 피워내는 나무처럼
돌아올 봄을 막막히 기약하지만
이 순간
무정한 낙화의 손사래에
다친 가슴의 통증은
마른기침처럼 쉬이 그칠 줄 모르고
콜록일 뿐입니다

무명 시인

하루해는
늘 두 갈래의 귀로에 서 있다
매일 밤 손톱만큼의 허기를 쥐고
푸르게 시린 별들을
가슴팍에 새긴다

고독한 별을 찾아
야윈 갈대밭에 지친 영혼을 뉘면
두 눈을 가진
두려운 언어의 잔뼈들이
흰 종이 위에
위선의 탈을 그리다 지우다
빈껍데기로 남는다

살아 있는 것과 죽어가는 것들에
바치는 서툰 참회들이
손가락 사이를 비틀거리며
생의 빈 들을 표류하다 낡아빠진
헌 구두의 뒷굽에
붙은 지푸라기처럼 흩어진다

사막의 어딘가를 헤매는
허울뿐인 비루한 씀쟁이
어느 호숫가
작은 쏘로우의 오두막에
가난한 불빛 하나 밝히고 간다

사랑한다는 말

나의 하얀 입술이
그대의 창가에 푸른 포말을 그릴 때
굳게 닫힌 심장의 자물쇠는 열리고 녹슬어 지친 잎새들
따사로운 봄볕으로 물든다

그런 고백 하나
아 아 가슴에 손길 하나 들여놓는
콩닥이는 시계추마냥 흔들리며
빈 몸으로 비를 맞아도
다시 일으켜 세우는 간절한 한 마디
그대의 머리칼에
바람의 흔적으로 쏟아내는
솔바람 이는 해 질 녘의
보드라운 풀피리 소리 같은

지친 기차는 아득히 떠나고
긴 기적소리 멀어질 때
반짝이는 별빛으로 가득 차오르는 따사로운 그 말
차마 붙들지 못하고
억겁의 무너진 날에도
가슴 깊이 묻어버린 그 말

그대 보내고도 봄비처럼
오래 젖어와
두고두고 한 송이 꽃으로 피어나는
사랑한다는 그 말
사랑한다는 그 약속

오월 그날

짙푸른 오월에 장미꽃 붉어지면
고운 사랑만 알았더냐
오월 광주는
그 두려운 비명
가슴마다 찢기운 꽃잎들
덧없이 쓰러져
하늘도 울고 말았다

눈 가린 태양이 먹구름 몰고 와
캄캄한 어둠을 내리치니
꽃잎마다 처절히
총 맞은 새처럼 쓰러져
황홀이 약속했던
우리들의 사랑
그 이름도 아프게 땅에 묻혔다

그 꽃씨 흩날려 저 민중의 땅에
쏟아지던 핏빛 자유여
충장로에 찬란히 빛나던
그날의 꽃잎이여

아픈 오월이 오면
눈물에 젖은 임들의 붉은 넋
찬비에 흔들리며 피어나
붉은 피고름 터져 나와
가슴 저리게 심장을 훔친다

사랑스런 봄날

한낮의 눈빛 속으로
웃음 속으로 햇살이 파고든다
숱한 사람들이 오고 가는
길 위에서
나는 떨어진 짧은 생과
헤르만 헤세의 봄날과
아름다운 허무를 생각한다

가만히 있어도 누군가 그리워져
꽃이 되고 싶어진다
꽃이 되어 달린다
가지에는 아직 매서운
회초리를 든 손자국이 선명한데
한낮에도
하얀 눈이 내린다

가만히 보면 저건 분명
하얀 추억이 발아하는 소리
화분 위에서도 가슴속에서도
돌담 사이 어딘가에서도
물은 흐르고

연분홍 콧노래로
물들어가는 소리

한 아이의 눈 속에도 꽃이 피었다
연인들이 하얗게 속삭이며
꽃이 영그는 소리
파릇파릇 참새의 둥지에도
수없이 쪼아대는
흰 잇몸 사이로
불그레한 앵두꽃이 피었다
하늘빛이 지상에 내렸다

꿈에

한 사람을 사랑한다는 건
망망대해 빈 배에 서서
홀로 물살을 가르는 일이지

꿈에 난 꽃잎이었네
물살을 가르며 한없이 흘러가는
꽃잎 한 장
꿈에 나는
떨어진 꽃잎이었네

가슴에 노를 달고
은빛 물살 위에 앉으면
햇살이 전하는 따스한 전율
꿈에서 난 보았네
찬란한 듯 가난한 빈손의 고백을

꿈에 그 꿈속에서
이루지 못한 것들은
늘 현실을 외면했지
푸르다가 흐려지는 하늘빛처럼
멀어진다는 건
차디찬 외면보다 못한 것이었네

꽃잎을 보내며
꿈에 나는 손을 흔들며
멀어지는 불빛을
희미하게 보았네
아주 오래 오래전에
당신은 모든 것을 잊은
꽃잎이었네

그 떨어진 꽃잎을
지우다가 그 꽃잎을 그리다가
꽃잎 몇 장 주우며
내 온 생을
바다에 모두 묻고 말았네

쫀드기의 추억

오래전 침샘을 흔들었던
생고무의 화려한
변신(變身)이지
귓가에 번뜩이는
추억 하나쯤은
생포할 기세로 말이지
구멍가게 귀퉁이에서 우연히
마주친 일이라니

인연이란 진정 질긴 고무줄 같은 것이랄까
몇 가닥 늘어진 침샘들이 요동치며 목구멍을 침범했지

먼 기억의 둥지에
찢어도 보고 구워도 봤던
자잘한 어린 동심을
남몰래 음미하듯 수소문했지

머리채를 흔들며 아니야를 외쳐도
혀끝을 유린하는
혁명의 맛이라니

한 움큼 손에 쥐고 취한 듯
나섰더니
덥수룩한 가겟집 주인장도
흰 이를 드러내며
내 마음을 꿰뚫은 듯
고개만 끄덕이던걸

그 사람의 풍경

가끔은 푸른 호수가 시리게
걸려 있는 정물 사이에
한 사람이 서 있다

그곳엔 흐릿한 달이 뜨고
산 나뭇가지마다 잎새 어르는
오래된 산기슭에 숨어 사는
숭어의 마른 비늘 같은 이
웃음소리만 공허히 떠도는
우수에 찬 구름 몇 점
시리게 걸려 있다

사람이 사람을 그리는
허망한 가난을
끝내 이기지 못해
찬 기침만 쏟아내고 마는
처연한 산기슭에 정처 없는
발자국만 외로이 지운다

꽉 깨문 한 가닥 녹슨 세월
모래알처럼 부수고
아름다움도 잊은 채

바다로 뛰어드는 석양처럼
멀고 먼 풍경 속을 아득히
걸어가는 사람아

그 걸음마다 천길 만 갈래
가없는 풍경 소리만 부서질 듯
알알이 나부낀다

동백꽃

당신을 잊을 수 없다는
하얀 질척임이
거리마다 등불을 켜고
울먹일 때
푸른 하늘엔 눈이 내리고

그대
동백꽃 언저리에
내 마음도 아프게 붉어져
서리꽃 그 속삭임에 젖어
그만 서럽게 앓아누웠습니다

차디찬 얼음꽃 사랑을
어느 뉘인들 쉬이 녹이랴 마는
자꾸만 설레는
그 해안(解顔) 같은 눈망울에
붉게 타들어 가고 마는
하룻밤 기나긴 연정

동백 꽃잎 황홀이 삼키어
나도
발그레한 순백의 겨울날엔
동박새 되어
그대 곁에서 더 붉게
울고만 싶어라

장미 1

너의 가시 돋친 말이
호수보다 깊게 심장을 찌르면
가녀린 손가락은
온통 붉은 피로 물들고
슬픈 릴케의 눈동자는
가시보다 아프게 앓다
핏빛 붉은 꽃이 되었다지

가장 뜨겁게 포옹한
붉은 입술에 데어
사랑의 독설을 품은 꽃

저 붉은 가시에 찔려
세상의 벼랑 끝까지
난자한 핏빛에 물들면
한 잎 한 잎 독하게 쏟아내는
붉게 누운 사랑이여

절망보다 깊은
희망보다 뜨거운 꽃
그 꽃잎을 장미라 하지
그 지독한 사랑을 가시라 하지

清心 정용훈

시와달빛문학작가협회 정회원. 시와달빛동인회 정회원. 공저『푸르름 한 올 그리다』『눈물만큼 작은 하늘』lordjyh@hanmail.net

그리움

한 마리 새가 내 어깨에 있었지
그러나
그 새는 나를 두고
푸른 하늘 멀리
내 곁을 떠나 날아가 버렸지

그러나 나는 왠지
전혀 슬프지 않았어
어차피 우린 그렇게 됐어야 했어
새는 새대로 나는 나대로의 길을

한 마리 새가 떠나자
다른 새가 내 어깨에 앉았지
그러나 처음 그 새만 못했지
나는 그 새를 보내야만 했어

처음 새를 못 잊어
나는 나는 그 새를 찾기로 했어
이 세상 끝까지라도
언젠가 내 어깨에 돌아오리라 믿었지

그 새를…….

희망

해가 서쪽에 쓰러지고
하늘의 별들이 생기를 되찾을 때
온 누리에
검은빛을 띠어도
밝은 한 줄기 빛을 보노라

이제 어둠이 물러가고
검은 장막을 헤치고
둥그런 아침 해를 우러러볼 때
우리의 우리 모두의 가슴속에
환한 빛줄기가 보이리라

어둠이 몰아쳐도
한 줄기 빛을 붙잡고
아침 해를 바라본다
내게도 한 줄기가 아닌 환한
온통 환한 빛의 희망을
가슴에 간직하고 싶다

소녀

조그만 가슴속에
크나큰 소망을 가지고
영롱한 눈빛으로
허공을 바라본다

하얀 마음속에
세상을 세계를 넓은 안목으로
좀 더 크게 알고 싶은
소녀

꿈
희망이 가득 차고
날개를 휘저으며 날아가는
그 소녀

너무 큰 소망에
조그만 두 손을 붙들고
허공을 바라본다
소녀여

정(情)

세상이 온통 하얗게 변한 것은
내 눈에 보인 사랑의 그림자
맑은 정기로 깨끗한 마음
청심(淸心)한 육체로
너를 향한 그리움

아득히 보이는 산처럼
조용히 밀려오는 파도처럼
내 가까이서 부르는
너의 목소리가 들려온다

영혼의 그림자를 붙잡고
사랑한다 했거늘…….

영(靈)과 혼(魂)

푸른 잡초만이 덩그런 동산
이름 모를 꽃들이 만발한
동산이라기보다는 작은
어느 동산

새들이 지저귀고
곤충들이 노래를 하네
인적이 없는 골짜기에
조그맣게 쌓아 올린 동산

누구의 기쁨도 슬픔도
묵묵히
비가 오나 눈이 오나 바람이 불어도
묵묵히
찾는 이 없이 고독을 삼키며
홀로 우뚝 서 있는 동산

동산 위에 꽃이 피었네
그 꽃의 이름은 할미꽃이어라

시종(始終)

어디서 시작하고
어디서 끝나는지
점점이 멀어져간 티끌이
내 몸을 묻히고서
머언 먼 곳으로
한없이 끝없이 가려 하네

삶이 무엇이고
죽음이 무엇이란 말인가
내가 네가 합심하여
하나의 영을 이룰 때
우리는 안다
애벌레가 나비 되듯
우린 어느 날 갑자기
확 커져 버린 것을 느낀다

어디서 시작하고
어디서 끝나버리는지
아직은 알 수 없어도

번뇌(煩惱)

혼탁한 세상에서
속세의 세상에서
무엇을 찾으려고 방랑자가 되었는가

희로애락(喜怒哀樂) 애오욕(愛惡慾)의 길을
모두 떨치고서 어디로 가는가
가는 길에 희로애락(喜怒哀樂)이 있으며
오는 길에 애오욕(愛惡慾)이 있거늘
슬프도다, 가련한 인생아

혼탁한 세계를 버리고
신선의 세계에 가고파
고행의 길을 걷노라
두 어깨엔 커다란 칠보(七寶)를 지고
길을 가노라

삶도 죽음도 없는 곳으로
선인의 길도 도인의 길도 아닌
영원의 길로 가노라
힘든 줄 모르고

우수(憂愁)

탁(濁)하디탁(濁)한 것
청(淸)하디청(淸)한 것
세파에 찌들어 있는데
청탁(淸濁)이 무엇이란 말인고

흐르는 유성처럼
한 번 가면 돌아오지 않는
시간을

홀로 근심 걱정하면 무엇하느뇨
알아주는 이 없는데

슬프디슬픈 세상
서럽디서러운 세상

남과 여
— 사랑

맑은 두 눈이 부딪치면서
서로의 포옹에 환희를 느끼며
기나긴 입맞춤에
짜릿한 전율을 담던

정신적인 서로의 마음을 갈구하고
승화시킨 사랑의 불
육체적인 고통의 아픔에서도
서로의 사랑에 불꽃을 튀긴

하늘을 날던 새들처럼
푸른 초원을 뛰놀던 짐승처럼
끝없이 밀어를 속삭이던
남과 여 만남의 대화

서로의 마음에 끈을 묶고
어디선들 잊지 않을 그런 끈으로
영원을 약속하고픈 서로를
이젠 하나 되어 보이지 않네

무(無)

빙빙 돌아가고 있다
모두
어디선지 몰라도
뱅뱅 돌고 있다

누구부터 시작해서 끝맺는지
전부
갑자기 미쳐버린 듯
광기마냥 돌고 돌고
아지랑이처럼 돌고 있다

한풀 꺾인 나무 잎새처럼
이리저리 떠돌듯
빙빙 돌고 돌고
많은 이들이 돌고 있다

어지럽다 그만두고 싶다
왜들 미쳤는가
나만이두 나만이두
도는 것을 멈추었으면

내 마음의 꽃

한 송이 또 한 송이가
활짝 피었네
지면 또 피고
피면 또 질 놈의 꽃이
내 마음에 또 피었네

짙은 향내 뿌리면서
사방팔방에
훨훨 뿌리고저
날아가네 공기의 숲으로
한 송이 한 송이가
내 마음에 피워버렸네

지면 울 놈의 꽃을
자꾸만 왜 피우려는가
물도 흙도 없이
그저 한 송이 핀 꽃을
간직해야겠네

큰 노래 최점덕

경남 사천시 사남 출생. 『시와달빛문학』 등단(2018년). 제2회 시와달빛 신인문학상 수상. 시와달빛동인회 정회원. 시와달빛문학작가협회 부회장. 공저 『푸르름 한 올 그리다』 『눈물만큼 작은 하늘』 boorurysong@gmail.com

반딧불이

맑은 물 흐르는 고향 마을 냇가
갈대 무성히 피워 섬을 이루었네

밤이면 별빛
갈댓잎에 이슬로 내려앉고
재잘거리는 냇물은
옛이야기 불러 모으고

퇴화한 입으로 이슬을 먹고 사는 반딧불이
제 살을 태워서 루시테인 불빛 만들어
갈대밭에서 반짝반짝 사랑터를 만드네

도심의 달동네 사람들
힘겨운 노동에서 돌아와
판잣집 창틀마저 피곤한
희미한 전등불 켜며
희망을 한 움큼씩 만들던 사랑터

입이 없어 저항도 할 수 없는 갈대숲 반딧불이
가난하여 부당함에 저항 못 하는 달동네 사람들
많이 닮았네

산중(山中) 의자

의자에 앉아 맑은 생각으로 돌아가면 더 좋지
산이 연주하는 오케스트라 홀로 듣는 포만감도 있지
죽은 나무에서 의자로 환생한 황홀한 느낌 알고 있니
살아 있다는 것이 얼마나 소중한 것인지 알고 있니

찌르레기 날아와 온몸 보살펴주기도 하고
낙엽이 앉아 기특하게 수놓아주기도 하고
빗물 떨어져 물방울 그림 만들기도 하고
안개가 의자를 포근히 감싸며 안아주기도 하고

맑은 날 평화스러운 의자에도 가끔은 살벌해
사마귀가 메뚜기를 물고 바스락거리며 먹기도 하고
깡충거미에 잡힌 파리 긴 발악의 날갯소리 울리고
부전나비 채어 먹은 잠자리가 쉬어가기도 하고
영역 싸움으로 지친 까치가 거칠게 숨 고르기도 하지

산중 의자 공간에도 작은 생태계를 이루고 있듯
부스러기 삶들이 모여 세상이라는 큰 물결을 이루지

틈이 있어

1

나무계단 틈에 민들레 하늘 향해 피었고
남녀가 앉아 있다
틈에
바람이 드나들고
먼지가 쌓여 들고
빗물이 흘러들고
얼음이 얼었다 녹으면
씨앗 날아들어 생명을 잉태하고
쌓여 있던 양분을 다 내어주면
풀과 꽃의 영토가 되지

사랑도 틈이 있어야
서로의 가슴에 뿌리내리지

계단에 청춘의 남녀가 사랑을 발그레 키우니
틈이 주는 여유로운 축복이지

2

틈은 시작하고 끝을 맺는 곳
목수가 만든 문짝의 틈에는 장석이 붙고
건축가가 만든 다리의 틈은 이음쇠가 얹히고

기술자가 만든 기계의 틈은 패킹을 끼워야
온전한 목적물이 되지

하늘과 바다의 틈은 육지가 되고
산과 바다의 틈은 들판이 되고
바다와 바다의 틈은 섬이 되고
들판과 들판의 틈은 강이 되니
좁은 공간에서 서로 의지하며 살아가네

세상은 다양한 일들이 일어나고 부딪히며
끊을 수 없는 인연에 얽혀 있네
자연과 인간의 관계는 숙명에서
인간과 인간의 관계는 사랑에서
동물과 인간의 관계는 관심에서
초목과 인간의 관계는 공존에서

우린 세상이라는 좁은 틈에서
서로의 존재를 인정하며 살아가네

꽃을 품고

꽃을 피운다는 것은 존재한다는 것
누구에게 말하고 싶다는 것
누군가를 그리워한다는 것이다
꽃이 피었다는 것은 오랜 기다림
포기하지 않는 인내로 열정적인 사랑을 한다는 것이다

꽃이 시든다는 것은 젊지 않다는 것이며
물러날 때가 되었다는 것이며
훗일을 생각해야 한다는 것이다

꽃을 피웠었다는 것은 추억이 있었다는 것이고
세상에 흔적을 남겼다는 것이고
누구도 젊게 봐주질 않는다는 것이며
고요히 잊히길 바라는 것이다

그리고 자신을 닮은 시들지 않는
영원한 꽃을 품고 산다는 것이다

걸음마

포대기에서 내린 아이
엄마 손 잡고 뒤뚱뒤뚱하며
손가락질한다

이게 뭐꼬?
요게 뭐꼬?
알고 싶어 묻는다
자꾸 묻는다

엄마 신발 거꾸로 신고
넘어지면서
아파하면서
오뚜기처럼 일어서며
걸음마 배우던 시절이 있었다

어질어질 아파트값
폭등하는 물가 앞에서
소심해지는 내 지갑

당당하게 꿋꿋하게
세상 살아가는 거침없는 걸음
정직하게 익히고 싶다

잊힐까

세월이 돌아서면 일주일, 한 달, 일 년
헉헉거리며 따라가는 인생이지만
마음은 아득한 옛날로 돌아가는 날이 많아집니다

아름다운 소리를 기억하며
찾아가는 시간이 아깝지 않은 것은
마음 깊은 곳에 울려 퍼진 다정한 목소리
휴대전화기의 유심카드처럼 꽂혀 있기 때문이죠

마리아 칼라스의 아베 마리아보다
프레디 머큐리의 보헤미안 랩소디보다
아이들이 부르는 동요보다
소프라노의 가곡보다 더 아름다운 목소리

세포 속에 저장된 아름다운 선율 하나
어머니의 다정한 목소리

세월이 가면 갈수록
또렷하게
포근하게
아늑하게

살아가면서 넘어질 때마다
꿈결처럼 들려오던 목소리
"얘야 일어나야지?"

수없이 지나버린 삶 속에서
절망의 순간에 도드라지던
각인된 목소리
어머니 소천하시면 어디서 들을 수 있을까?

밑줄

학창 시절 시험 준비할 때 중요 표시로
자를 대고 밑줄을 그었지

살아가면서
중요한 시간이 아니었던 시절이 있었을까
돌아보니 고향의 파릇함이 그립고
가끔 후회하던 모습이 그려집니다
어느 시점에서 분명
인생의 밑줄을 그어야 했었는데…….

나뭇짐 지고 집으로 가면서 진달래 꺾을 때였을까
태양 빛에 노출된 목마른 지렁이 밟을 때였을까
집 찾아온 찌르레기 새총으로 쏘았을 때일까
운동한답시고 발아래 머리 허연 토끼풀 밟은 때일까

아무래도
대나무 베어내고 밭 일군 아버지
곡괭이로 거미줄 같은 대나무 뿌리 파내고
고부랑 허리 되어
세상 중력을 고스란히 받으며 살다 가신 아버지

변변치 못한 살림살이로 허리 치료를 위해
병원에 한 번 모시지 못한 못난 자식 한이 되어
글 속에서라도 구부러진 허리 쭉 펴보시라고
아버지란 말에
밑줄 하나 직선으로 그어봅니다

시간

어디로 갔을까
나를 쓰다듬어 주고 꿈을 주고 사랑을 주고
가던 길 지쳐 앉아 있는 나에게
조용히 어둠을 불러 감싸 안아주던
포근한 이불 같은 시간

어디에 숨었을까
추억의 시간은
숨바꼭질하던 골목길 돌담 틈새에
느티나무 벌어진 세월의 옹이에
주린 배를 채워주던 감나무에

시간은 어디로 도망갔을까
늙은 소나무 나자빠질 때 무서운 톱날에 도망갔었나
씩씩거리던 황소 길들여 장에 팔 때 덤으로 팔렸었나
별빛 내려앉아 쿵쾅대던 양철지붕 울음에 도망갔나
아버지 소천하시며 남긴 옷가지 태울 때 말려들어 갔나

누구에게나 공평하게 주어진 시간
안타까운 시간
부끄러웠던 시간
아까운 시간

오지 않았으면 하는 시간
빨리 지나갔으면 하는 시간
애타게 멈추어주길 바라는 연명의 시간

좋은 시간도 있었네
내 등 긁어주는 당신 만날 때 애틋한 기다림
아이들의 재롱에 밤새워 영글던 행복의 순간들
아낌없이 지나가고

듬성듬성 이제는
남은 세월이 비듬을 만드는 시간
촉감은 왜 이렇게 까칠할까?

몸속으로 파고드는 항산화에
어찌할 수 없는 몸은 느린 걸음을 하고
프테라노돈 같은 비행기 한 마리
염치없이 부드럽게 하늘가로 날아가는
질주하는 시간이여

당산나무

대대손손
생활상을 말없이 지켜보며 꿈쩍도 하지 않던 나무도
때론 슬픔을 속으로 삼키며 울더라

마을 지킴이가 된 나무
세월을 냇물처럼 흘려보내고
눈과 비와 태풍을 경험하며
모두 먼저 떠나보내고
만신창이 된 들판과 흐느끼는 산을 토닥이고
우직하게 자리를 지키며 떠난 사람 돌아오지 않아도
한결같은 믿음으로 자리를 지켜오던 고목

들판보다 산보다 더 늙어
갑옷 같은 꺼칠한 세월이 빚어낸 비늘 같은 껍데기 둘러
바람 따라 꽃 냄새 서럽게 울면서 지우더니
다음 날이면 아무 일도 없는 듯 버티고 있더라

수많은 고통의 주름을 누가 지울 수 있었겠나
대대로 쌓인 고운 때를 누가 또 지울 수가 있었겠나
옛사람의 정취 옹이마다 쌓인 정겨운 추억의 때를
늙은 나무가 넘어져서 죽어야만 지울 수 있는 것들

서러움과 억울함을 고스란히 간직하고
풀어헤쳐 말리지 못한 핍박받은 상처
이 땅 위의 사람들 몽글몽글 한 맺힌 억울한 노래를
대신 불러줄 이가 아직 없어

나무는 한 번씩 통곡하며 울더라

시(詩)가 있어

광대한 우주에는 힘의 균형이 있고
비눗방울 같은 지구에는
자연의 아름다운 조화가 있네

인간은 생태계의 삼각형
윗자리를 기형으로 만들며 자리를 차지하고
이기적인 싸움을 멈추질 않네

야생의 동물처럼
살기 위한 어쩔 수 없는 몸부림이라면
처절한 주검의 울부짖음이라면
살아가는 데 필요한 양만큼의 희생이라면

멸종과 멸망의 지구에서
아직 존재하는 것은
표현은 서툴고 곧 잊어버리지만

사랑이라는
개성 있는 독특한 시(詩)가 있어
사람들은 아직 번성하고 있네

제3회

시와달빛 신인문학상

유수봉

심·사·평

시(詩)를 통한 감각적 동화(同化)

유수봉 님의 작품 「금낭화」 「그리움」 「가을의 서곡」 세 편을 제3회 시와달빛 신인문학상 당선작으로 뽑았다.

유수봉 시인은 삶으로부터 다져진 옹이의 단단함이 그의 시에서도 느낄 수 있을 만큼 강건한 불굴의 힘을 감지할 수 있다. 시인 자신이 가닿지 못하는 상상의 세계를 관념적 체험으로 승화해내려는 '동화 의식' 그것이다. 자신의 빈자리를 유희적 시각으로 본 「금낭화」는 어쩌면 시인의 마음을 이끄는 감각적 동화일는지 모른다. 시 「그리움」에서도 마찬가지로 자신의 애절한 기다림이 부질없음에도 불구하고 결코 설익은 관념이나 진부한 서정의 넋두리에 머물지 않고 순수 자아에서 출발하려는 면모를 보여주고 있음에 착안하게 된다.

유수봉 님에게 조금 더 욕심을 부린다면, 가지런한 일상의 흐름을 막연한 상념에 의존하거나 사실적 기술 형식의 묘사에서 암시적 묘사 형식으로의 전환이다. 시에서 암시란 겉은 겨울옷을 입었으되, 속은 얇은 여름 속옷을 입은 것처럼 어색하고 낯설지만 시라는 그 자체의 몸은 반드시 하나의 몸이어야 한다는 것. 즉 추위나 더위, 옷의 질감, 미각적 표출 같은 것은 동일인[詩]으로서 같은 느낌[詩感]을 받는 것을 원칙으로 하고 있다. 원래 시작(詩作)은 눈에 보이는 면을 포착한

대로 그려내는 미술 행위가 아니다. 푸념의 차원에서 벗어나 가슴으로부터 걸러낸 정제된 예술적 언어를 '적재적소 배치'라는 문장의 적절성이 필요하다.

유수봉 님은 상투적인 부분을 발견할 수 없는 순수성과 역경 속에서의 치열한 삶, 그리고 문학적 열정이야말로 시인이 갖는 강점이자 가능성이라 할 수 있다. 따라서 시적 작위(作爲) 대한 관습적 인식에서 벗어나 피상적, 외화적 인식으로부터 탈피한다면, 일상화된 다작의 능력으로 보아 내밀한 필치를 기대해도 될 듯싶다.

유수봉 님은 '생의 무게'와 '내려놓음'의 딜레마로부터 '자기 갈등'을 시라는 형식 위에 올려놓는다. 이러한 점에서 볼 때 유수봉 님의 작품에서는 즉물적 대상과의 미적 인식은 일상 풍경 속에 파묻혀 있는 현실을 비교적 실재적 관점에서 투사(投射)하였다. 시인 자신이 처한 고독과 그리움, 궁핍, 이별 이 모든 삶의 애환 그리고 그것의 극복이라는 상황이 현실 풍경 속에서 자연스럽게 묻어나온다. 전혀 꾸며 쓰기가 없는 관찰의 섬세성이 부각된다면, 그것을 가시화하는 묘사의 적절성이 유효한가에 대해서는 아직 조금 아쉬운 점도 있다 하겠다.

유수봉 님은 집념과 도전의 시인이다. 시의 거리에서 마침내 시인이기를 다짐하는 한 그루의 겨울나무이다. 이제 그의 푸르름이 곧 외로움을 껴안게 될 것이다. 그의 시에서, 그의 인생에서…….

■ 심사위원 이광희, 김정희

당·선·소·감

대궁이 가느다란 안개꽃도 제 몫을 다하는 안개꽃이 부럽기만 합니다. 가난이 죄가 아니고 공부 못 한 것이 죄가 아님을 새삼 깨닫는 순간입니다. 가난이란 굴레에서 벗어나지 못하고 홀로 독학하면서 이곳저곳을 뛰어다니다 주경야독 배움에 한이 되어 반복하며 읽고 또 읽어 지방 말단직 공채에 임용되면서 세상을 알고 삶의 가치를 조금씩 깨닫게 되었습니다.

어느 지인께서 늦은 감이 있으나 글을 써 보라는 간곡한 권유에『시와달빛문학』을 두드리게 되었고, 그것을 계기로 졸작이나마 글을 쓰기 시작하였습니다. 제가 우보님의 지적과 조언으로 힘을 얻게 되었고, 마침내 용기를 내어 꾸준히 글을 쓸 수 있었습니다. 부족하지만 짧은 기간에 문학은 삶의 작은 활력이 되찾게 하는 마음의 정원이기도 했습니다. 이것은 저의 삶에 사소한 전환점이 되어 그간 숨겨진 애환을 치유하게 하는 동기가 되기도 하였습니다. 아직 미약한 저에게는 두려움과 도전이라는 두 가지 숙제가 되겠지만, 시(詩)가 살아가는 데 큰 힘이 될 인연임은 분명합니다.

시라는 장르에서 이렇게 제가 허용키 어려운 과분한 상을 받게 될 줄은 꿈에도 몰랐습니다. 지금까지 이끌어 주신 우보

선생님과 시와달빛 회원님들의 사랑으로 제가 있지 않았나 생각합니다. 그리고 시와달빛을 늘 가까이에서 보필하고 계신 임원진 여러분께도 진심으로 감사를 드리며, 뚝심을 부릴 수 있도록 기회를 주신 모든 분께 다시 한번 감사드립니다. 아울러 시와 달빛 회원 여러분 사랑합니다. 감사합니다.

유수봉

제3회 시와달빛 신인문학상 수상. 시와달빛문학작가협회 정회원. 시와달빛동인회 정회원. 공저 『푸르름 한 올 그리다』『눈물만큼 작은 하늘』

금낭화 외 2편

새벽이슬 쪼르륵 머리에 이고
붉은 복주머니를 흔들며
문 앞에서 나를 반기는 너
정녕,
하늘에서 보낸 천사이더냐

앙증맞은 주머니
불룩하게 복을 가득 채우고
높으신 양반집 규수의 가슴에
분명,
노리개로 달렸으리라

톡 건드리면 뎅그렁거리며
동전을 쏟을 듯한 복주머니
살랑살랑 바람에 채워지고
아침,
티끌 한 점 없는 하늘을 맞는다

그리움

당신은
어찌 나에게 멍이 든 씨앗을 주고 가셨나요
날마다
보이지 않는 눈물 먹고 크고 있음을
당신은 아시나요

해와 달이 가고
봄 지나 여름 오고
또 가을과 겨울이 왔건만
한마디 말도 없이
어느 곳으로 가셨나요
오늘도 해는
붉은 여운을 남기고 잠자리에 드는데

서쪽 새 울부짖는 임 부르는 소리에
애타는 가슴 움켜쥐고
사랑한다는 말 한마디 곱게 든 단풍잎에 고이 적어
흘러가는 구름에 실어 보냅니다
이 소식 듣거들랑 바람 타고 오소서
구름 타고 오소서

가을의 서곡

팔공산 어느 능선
아름다운 벽화를 그리는 이
아장아장 조막손 담쟁이 넝쿨

천길만길 가파른 낭떠러지
울긋불긋 다채로운 채색은
비경 속의 비경이로고

산비둘기 꾸르륵 울어대고
울창한 계곡의 청아한 울림
솔바람 향기가 코를 찌른다

머루 다래 향긋한 내음
등산객을 유혹하고
어느 소녀의 체취처럼 즐거움을 전한다

옷을 벗는 상수리 가지에
다람쥐는 불청객인 등산객을
머룻빛 두 눈으로 내려다본다

딱따구리 고목나무 쪼는 소리는
깊은 산사에서 들리는 목탁 소리
팔공산 가을은 기도처럼 깊어만 간다

눈물만큼 작은 하늘

시와달빛문학 제3호

인쇄 1판 1쇄 2019년 8월 23일
발행 1판 1쇄 2019년 8월 30일

지 은 이 : 시와달빛문학회
펴 낸 이 : 김천우
펴 낸 곳 : 도서출판 천우
등 록 : 1992. 2. 15. 제1-1307호
주 소 : 서울시 성동구 무학봉28길 6 금용빌딩 2F
전 화 : 02)2298-7661
팩 스 : 02)2298-7665
http://moonhak.wla.or.kr
E-mail : chunwo@hanmail.net

값 13,000원

ISBN 978-89-7954-779-5